COMMENT JE SUIS DEVENUE YOUTUBEUSE

Retrouvez Angie sur :

YouTube : Angie Maman 2.0

Instagram : @angiemaman.youtube et
@angiewomenpregnancy

Facebook : Angie Maman 2.0

TikTok : angieethugo

Angie

COMMENT JE SUIS DEVENUE YOUTUBEUSE

Le parcours inspirant
d'une influenceuse

Illustrations de Céline Charlès

Albin Michel

SOMMAIRE

1

MON PARCOURS

#1 MON ENFANCE À LA MAISON

J'ai 8 ans. Euh, attendez, quasi l'âge de mon fils Hugo aujourd'hui ! Tout ça ne me rajeunit pas ! Dans ce premier chapitre, je ne suis pas hilarante comme à mon habitude. Oui, parce que si vous ne me connaissez pas, sachez que je suis une personne hyperdrôle. Ma websérie humoristique sur la vie de famille sur YouTube est tellement amusante qu'il est fortement recommandé d'avoir à proximité un médicament contre les crampes au ventre pour la regarder. On ne dirait pas comme ça, mais je suis la spécialiste de l'autodérision. Ayant été bercée, enfant, par *La Chanson des vieux amants* de Jacques Brel et son fameux vers « Il nous fallut bien du talent pour être vieux sans être adultes », j'ai décidé de ne jamais me prendre au sérieux. Bref, le passage qui suit, bien qu'un peu sombre, fait partie de mon parcours, de ma vie et de ce qui a construit la créatrice que je suis aujourd'hui, avec toute sa sensibilité.

Donc, reprenons. J'ai 8 ans. Depuis mon lit à l'étage, j'entends crier et taper contre les murs en bas. Comme tous les soirs, mes parents se déchirent pour des histoires de jalousie, et moi je n'arrive pas à dormir. J'ai peur, je suis tétanisée, cachée sous mes draps. Le temps me paraît long. Mon père demande à ma mère où elle a bien pu passer la soirée pour rentrer si tard du travail, et sa réponse semble le mettre dans une colère folle. Pourtant, mon papa est une personne qui ne s'énerve pas facilement, en tout cas pas avec moi. Mais ce soir, ça n'en finit plus. Les hurlements de ma mère et de mon père se mêlent dans un tourbillon de violence. Mes yeux se remplissent de larmes, et je tremble. Et s'il arrivait un malheur ? Cela fait bien longtemps que la petite fille que je suis devrait dormir. Alors, pour échapper à ce vacarme interminable, je ferme les yeux et tente de m'accrocher, ou plutôt de me raccrocher, à mon imagination. Les voix semblent de plus en plus lointaines, et c'est lorsqu'elles s'interrompent enfin totalement que mon esprit s'envole dans un souffle d'apaisement.

J'atterris soudain dans une nouvelle chambre, plus calme, plus spacieuse. Le rose de la tapisserie a disparu. J'ai grandi, et la légère poitrine qui semble pointer sous mon tee-shirt me laisse penser que j'ai atteint l'adolescence. L'appareil dentaire qui tire sur mes dents me le confirme, tout comme les points noirs que je découvre dans le reflet du miroir dressé devant moi. Ça fait bizarre, mais j'ai à peine le temps de découvrir ce nouveau corps (ou bien ce futur corps) qu'une musique étrange vient accompagner cette scène mystérieuse. Je suis l'héroïne d'un film de science-fiction !

Petite parenthèse. J'ai longtemps pensé que j'étais l'héroïne de ma vie, enfin plutôt de LA vie ! *Je ne sais pas si vous avez déjà eu cette impression, chers lecteurs, d'être, comme Truman dans le film* The Truman Show, *au centre de tous les événements, et la raison et la cause de tout ce qu'il se produit sur terre !* À lire comme ça, ça peut paraître un peu narcissique, mais je pense que, comme beaucoup d'enfants, c'était une façon de trouver ma place en tant que personne dans ce monde, jusqu'au jour où j'ai compris que l'on était le héros de sa propre vie uniquement et seulement si on le décidait !

Mais revenons à notre film passionnant.

Il émane de ce miroir une lumière éblouissante. Lorsque je me retourne pour vérifier sa provenance, je ne remarque rien. J'examine de nouveau le miroir, et cette fois je discerne quelque chose : une lueur, des mouvements… un hologramme ! Mais, mais… c'est moi ? Ce n'est pas possible, je me vois nette dans ce miroir ! Comment pourrais-je être en même temps une chose diffuse à côté ? *Vous voulez que je vous dise ? C'est le début de mon histoire. Nous allons découvrir une dimension parallèle, une quatrième dimension.*

La porte d'entrée claque. Je sursaute et reviens à moi. Ce soir-là, mon père quittera la maison et ne reviendra plus. Ce n'est pas un rêve, c'est la réalité qui m'arrachera définitivement à mon innocence d'enfant.

Comme d'habitude, lorsqu'il n'y a plus aucun bruit dans la maison, je descends discrètement sur la pointe des pieds, mon oreiller à la main, pour m'allonger devant la porte de la chambre de mes parents et m'endormir paisiblement sur le sol. Leur présence à proximité me rassure. Et quand très tôt la lumière du jour commence à percer, je remonte me coucher pour qu'ils ne se doutent de rien. Mais cette nuit-là n'est pas comme les autres : seul subsiste le souffle de ma mère pour m'assoupir. La symphonie respiratoire de mes deux parents ne me bercera plus jamais. Ce sera la dernière fois que je dormirai par terre.

Profitons du fait que je dorme pour distiller quelques conseils ! Nous reviendrons ensuite sur mon enfance. Un peu de suspense !

Un conseil : emmerdez-vous !

S'ENNUYER, EN 7 MOTS, C'EST :

1. Se libérer.
2. S'évader.
3. Se retrouver.
4. Se questionner.
5. Se bouger.
6. Important.
7. Nécessaire !

Je conçois que cela puisse vous paraître totalement bizarre, mais je vous explique comment je vois les choses ! Allez, un peu de philo sur quatre lignes, ça devrait être supportable ! Le philosophe Blaise Pascal disait sur l'ennui que « rien n'est si insupportable à l'homme que d'être dans un plein repos, sans passions, sans affaires, sans divertissement, sans application. Il sent alors son néant, son abandon, son insuffisance, sa dépendance, son impuissance, son vide ». Et pourtant, cet ennui sera ma plus grande chance !

Alors qu'aujourd'hui ma situation familiale de l'époque serait considérée comme banale, dans les années 1990 on peut encore la qualifier d'originale et singulière : je suis issue d'une famille recomposée ! Je suis déjà précurseur de nouveaux concepts, ça ne peut présager qu'un avenir riche en innovations. *Le livre s'achève donc là : je vous ai donné la clé de la réussite ! Ha, ha !*

Trêve de plaisanterie. Pour faire simple, avant de s'unir, mes parents avaient déjà tous les deux fondé une première famille. Ma mère avait eu une fille de 12 ans de plus que moi, et mon père trois garçons de 8, 13 et 15 ans mes aînés ; tous en garde exclusive chez l'autre parent. J'ai donc grandi, à mon grand regret, comme une enfant terriblement unique, c'est-à-dire sans compagnon de jeu ou de bêtises, sans petit frère à martyriser, sans petite sœur à qui faire porter le chapeau quand ça m'arrange, sans aîné pour jouer le cobaye au cas où, sans personne à piéger *(ou pranker pour être « hype »)* ou contre qui se blottir la nuit quand on a peur, sans complices pour faire le mur à l'adolescence. À tout cela vous ajoutez des parents débordés de travail, et ça donne une petite fille souvent seule, livrée à elle-même et morte d'ennui. *Mais n'éclatez pas en sanglots dès le début du livre, c'est inutile, car franchement je ne m'en plains pas, je suis même très reconnaissante !* Grâce à cet ennui, je vais développer de nombreuses compétences, et des qualités essentielles qui me mèneront jusqu'à YouTube *– et même jusqu'à vous, lecteurs et lectrices de ce livre.*

Après le cours de philo, passons à l'« atelier vocabulaire » qui sera très rapide. L'ennui est défini dans le dictionnaire comme une « lassitude morale, impression de vide engendrant la mélancolie, produite par le désœuvrement, le manque d'intérêt, la monotonie[1] ». Mais, selon moi, cela n'a rien de négatif. C'est au contraire, loin des sollicitations extérieures (un autre humain perturbateur, des écrans lumineux attractifs et addictifs, une activité divertissante ou une chaîne YouTube trop drôle comme celle d'une certaine Angie Maman 2.0), l'opportunité d'avoir du temps pour s'évader « à l'intérieur de soi », faire le point et trouver ce qui nous anime vraiment. Je vous assure que si vous vous retrouvez seul, sans rien avoir à faire, sur une durée plutôt longue, le sentiment d'ennui étant plutôt désagréable, vous allez finir par aller puiser au fond de vous une solution pour le faire disparaître. C'est finalement une réaction relevant de l'instinct de survie. Nous cherchons tous à réduire l'inconfort au minimum. Et quand on cherche, on trouve : fini l'ennui ! À partir du moment où vous ne succombez pas à la tentation de fuir l'ennui – en vous jetant sur votre tablette, sur votre téléphone, dans des activités innombrables avec des compagnies diverses (copains, copines, voisins, bouche-trous, etc.) –, il disparaît pour laisser place à votre imagination qui, vous le découvrirez, est beaucoup plus vaste, extensible et inépuisable que vous ne le croyez. C'est elle qui vous dira qui vous êtes et vers où vous devez aller. La danse ? Le bricolage ? Le chant ? L'élevage ? Les langues ? La lutherie ? *Si vous êtes en train de vous dire que je suis une illuminée, vous n'avez pas tout à fait tort !* Ce que je veux dire par là c'est que grâce à l'ennui vous allez puiser une motivation intrinsèque et non une motivation provenant de votre environnement, ce qui la rendra d'autant plus véritable et sincère.

1. *Source : larousse.fr.*

Je sais que l'ennui peut être assimilé à une perte de temps, car nous sommes dans une société privilégiant l'action à l'inactivité et que nous y sommes habitués. D'ailleurs, j'ai remarqué qu'il ne s'écoule pas un quart de seconde entre la fin d'une activité de mon fils Hugo et la verbalisation du fameux « Je m'ennuiiiiiiiiiie ». Il ne se laisse même pas le temps de reprendre sa respiration ! Un miracle qu'il ne se soit jamais asphyxié en le disant ! Finalement, c'est moi qui m'étouffe de consternation : comment l'ennui peut-il s'infiltrer, comme ça, en un instant ? C'est pire qu'un parasite ! Oui, c'est le fléau d'aujourd'hui ! L'esprit étant « sursollicité » par des distractions diverses et variées, nous ne nous donnons plus le temps de ne rien faire.

Pour ma part, afin de combattre le vide intersidéral que je ressens, je me mets à écrire et inventer des histoires qui me font voyager, rire, et vivre des péripéties incroyables ! En écrivant, je me réfugie dans un monde palpitant, je m'amuse et j'oublie ma solitude ainsi que mes problèmes familiaux.

Si je n'avais pas eu la chance de m'ennuyer un peu trop je n'en serais donc pas là, car je n'aurais sûrement pas laissé une ouverture à la rêverie, au vagabondage et à la créativité.

L'ennui est utile et nécessaire. *Je vous recommande vivement de vous morfondre, de vous... emmerder !*

#2 MON ENFANCE À L'ÉCOLE

« *Non, elle n'est pas bête, elle est juste rêveuse.* »

Mon prof de CE1.

J'ai toujours 8 ans. Je ne suis pas une bonne élève. Pire, je suis une très mauvaise élève. Ma moyenne générale est de quatre sur dix. En classe, je m'ennuie puis je m'endors, ou je m'endors puis je m'ennuie ; ou bien encore, parfois, je gribouille sur une feuille puis je m'assoupis, avant d'être rappelée à mon terrible sort d'élève enfermée entre quatre murs. En fait, on n'aurait pas le droit de vivre avant d'être assez grand pour travailler ?

Depuis que mon père est parti, je peine à trouver le sommeil. Je le vois un week-end sur deux, ce qui est une organisation plutôt classique dans les années 1990. À l'école, on dit de moi que je suis rêveuse ; et même si je suis plus cancre que d'autres (oui, c'était vraiment terrible !), j'échappe chaque année au redoublement. À croire que la chance me sourit déjà ! La vraie raison c'est que, à ce qu'il paraît, je ne suis pas bête, c'est juste que je suis dans la lune. Il suffirait que j'aie le déclic pour que ça vienne. Ce sont les propos de mon professeur, rapportés par mon père à la suite d'une réunion de parents d'élèves. De mon point de vue, il n'y a aucune utilité dans les apprentissages, et le mot « travail » ne fait pas partie de mon vocabulaire. Je ne comprends pas vraiment à quoi sert l'école, à part retrouver les copines, suivre les ragots, et fuir l'ambiance « plombante » qui règne à la maison. À l'école, je m'amuse et je trouve l'inspiration pour mes histoires du soir. C'est une grande cour de récréation et de compréhension des autres ! J'adore analyser les relations interpersonnelles et essayer de comprendre les différents schémas de pensée. Ce qui est bien aussi dans le fait de partir de tout en bas, c'est qu'on a une très grande marge d'évolution ! Et puis, comme tes parents mettent en place des carottes de type « une bonne note = un cadeau », à toi de faire preuve de progression – mais pas trop rapidement, pour ne pas que cet avantage en nature finisse par te passer sous le nez.

Personne ne s'inquiète de la situation *– à cette époque, on ne s'affolait pas comme aujourd'hui dès le moindre écart par rapport à la norme et à la ligne officielle des apprentissages.* On pense juste que je suis une grande rêveuse, et que l'intérêt pour la scolarité viendra quand ce sera le moment. Tiens, d'ailleurs, je souhaite relever une absurdité des temps modernes. Quand, il y a quelques années, on te disait plein d'énergie, aujourd'hui on te qualifie d'hyperactif ; quand on te disait timide, aujourd'hui tu es carrément traité d'autiste ; quand on te trouvait rêveur, comme moi, aujourd'hui on t'étiquette « TDA » pour « trouble de l'attention ». On ne te définit même plus par un adjectif qualificatif, mais par un trouble ou un problème, et on t'envoie tout droit chez un psy ou autre spécialiste du même genre. Je ne remets pas en cause les diagnostics médicaux plus nombreux et pointilleux, car il est vrai que des pathologies non détectées il y a 30 ans le sont aujourd'hui et permettent à de nombreux enfants d'avoir les soins dont ils ont besoin, pour grandir dans les meilleures conditions. Mais parfois, nous voulons tellement être attentifs à ne rien laisser nous échapper que nous en devenons excessifs. On ne laisse plus assez d'espace aux enfants pour être eux-mêmes et grandir à leur rythme. Dans mon cas, comme pressenti, le déclic arrivera avec le temps, ou plutôt grâce à mon professeur de CM2, considéré comme « le professeur le plus sévère du primaire » !

Mon année de CM1 vient tout juste de s'achever que je m'angoisse déjà : aurai-je la malchance de tomber l'année d'après dans la classe de M. Hubert, le professeur le plus strict, le plus intraitable, le plus impitoyable, le plus intransigeant, le plus cinglant de l'école tout entière ? Sa réputation dépasse les frontières de l'établissement pour s'ébruiter partout en ville. Du coup, je passe ce qu'on peut appeler communément « un été pourri » à stresser à l'idée d'arriver dans la classe d'un maître aussi exigeant quand on est aussi nulle que moi *– mon ego était loin d'être surdimensionné, vous pouvez le remarquer !*

C'est le grand jour. Quand j'arrive devant l'école, mes jambes se tétanisent, mon visage se crispe, mon cœur bat la chamade. Je vois de loin cette liste blanche affichée sur la porte d'entrée, celle qui indique comment sont réparties les classes, celle qui engluera mon destin de CM2 à jamais. Ma mère me tire par la main, et c'est à peine si je ne freine pas des quatre fers pour immortaliser ce dernier instant de ma vie avant le début du cauchemar. Nous sommes devant la liste affichée sur la porte d'entrée et j'entends maman prononcer ce nom effroyable de M. Hubert ! Mes jambes vacillent, je vois flou, je suis à la limite de l'évanouissement *– ça me fait* *un peu pareil quand je suis au tableau pour la présentation d'un exposé, si vous voyez de quoi je parle.*

Je ne sais pas par quel procédé de téléportation je suis arrivée dans sa classe, mais j'y suis bel et bien. Les tables sont correctement alignées, tout est propre. Je décide de m'installer au milieu de la classe pour ne pas passer pour la fayotte intello du premier rang ni pour le cancre du dernier rang : un parfait équilibre pour passer inaperçue, tant du professeur que des autres élèves. En tant que mauvaise élève notoire, commencer bien noyée dans la masse me convient mieux. Je veux surtout, surtout, être discrète par rapport à mes lacunes intellectuelles.

Quand M. Hubert se présente à l'ensemble des élèves, il en impose. Je suis très impressionnée par son charisme, sa voix suave et sa fermeté. Il nous explique qu'il est écrivain *– en plus une personne connue ! –* et que durant cette dernière année de primaire nous allons, grâce à la lecture de son livre *– petite pub en passant –*, approfondir la grammaire, le vocabulaire, l'orthographe, la conjugaison et toutes ces matières aux noms bien trop littéraires pour moi. Je décroche déjà alors que nous avons à peine sorti les fournitures scolaires toutes neuves de nos cartables. L'année va être difficile.

Et pourtant, pourtant… trois mois plus tard, je suis passée au deuxième rang, je m'éclate à raturer les histoires rocambolesques que notre fabuleux maître nous demande d'écrire, et j'ai retrouvé, ou même trouvé tout simplement, le goût d'apprendre ! Le terrible M. Hubert a cru en moi et m'a accordé la confiance dont j'avais besoin. D'avant-dernière de la classe je suis passée quatrième ! *– non, non, nous n'étions pas cinq élèves en CM2, j'avais vraiment progressé !* Ce qui m'a propulsée dans cette nouvelle dimension *– oui, parce que passer du statut de mauvaise élève à bonne élève en quelques semaines, ça relève du paranormal –*, c'est l'exercice d'écrire ou de compléter une histoire puis, une fois celle-ci terminée, de se jeter dessus et biffer, modifier, corriger, ajouter, crayonner, gribouiller, jouer avec les mots, aller d'amélioration en amélioration pour arriver à un résultat satisfaisant. Ce qu'attend notre super prof est que notre feuille soit le plus raturée possible, et je peux vous dire que j'excelle en la matière ! Je suis brouillon, peu soigneuse et turbulente *– euh non ! que dis-je ! pleine de vie… –*, le profil parfait pour rendre une copie brouillonne, froissée, limite imprésentable, mais parfaite aux yeux de notre auteur de grande renommée ! Bon, en revanche, je dois avouer que, même si je me suis attachée au personnage, je n'ai jamais accroché avec le livre de M. Hubert, que je trouve vraiment ennuyeux. Mais je ne lui en veux pas, ce monsieur a infléchi mon destin. L'écriture a pris une grande place dans ma vie et, malgré le fait que je me sois résignée à rester à jamais une élève médiocre, j'ai enfin compris que, comme tout le monde, avec un peu de volonté, de travail et de persévérance, je suis capable d'y arriver. Comme quoi, souvent, c'est une question de personne. Un professeur peut vous dégoûter à vie d'une matière comme vous en transmettre la passion. Quoi qu'il en soit, retenez de tout cela que ce n'est pas parce que vous vous considérez incapable que vous l'êtes. Être mauvais à l'école n'est pas une fatalité ! Ce n'est pas parce que vous êtes officiellement nul en maths que… vous êtes vraiment nul en maths ! Parfois, ce sont des pensées limitantes comme celles-ci qui nous enferment dans un état, une image, un statut, une position, alors que ce n'est pas la réalité. Ce n'est pas parce que vous n'avez jamais réussi dans le cadre scolaire que vous ne réaliserez pas de belles choses dans votre vie ou encore que vous ne serez pas heureux. En revanche, je précise pour les bons élèves qui me lisent que la réciproque n'est pas vraie non plus. Ce n'est pas parce que vous êtes bon élève que vous finirez au fond du trou à rater tout ce que vous entreprenez. Si l'école vous réussit, continuez et persévérez, cela prouve que vous êtes sur la bonne voie. Et évidemment, ce n'est pas une raison pour vous dire que ça ne sert plus à rien de bosser à l'école parce que, de toute façon, si Angie a réussi quand même, vous réussirez aussi. Ne me faites pas dire ce que je n'ai pas dit !

Tout relève de la faculté à croire en vous, à trouver le chemin qui vous correspond, à travailler, persévérer, vous entêter, et à vous entourer des bonnes personnes.

LES 6 ÉVÉNEMENTS QUI M'ONT MENÉE À YOUTUBE

« Dans un voyage, ce n'est pas la destination qui compte mais le chemin parcouru, et les détours surtout. Les détours. »

Philippe Pollet-Villard.

La vie est un chemin, et sur ce chemin se produisent des événements qui vous mènent parfois à un destin que vous n'imaginiez pas.

PHYSIQUE - CHIMIE
2 flacons chimiques
ANGÉLIQUE avec
du méthane =
+ =

1 ➲ LE JOUR OÙ J'AI GAGNÉ 4 500 EUROS À UN CONCOURS D'ÉCRITURE !

Après être devenue bonne élève aux yeux des autres et une fois que j'ai moi-même pris conscience de ce nouveau « moi » *– j'ai mis du temps à sortir de mon rôle de cancre, à me sentir pousser des ailes –*, je finis par caracoler en tête de la classe du collège jusqu'à la fin de mes études supérieures. Plus j'y arrive et plus j'excelle, un cercle vertueux comme on dit ! En réalité, je pense que c'est le regard que l'on porte sur soi-même qui façonne l'image que l'on renvoie de soi. Je ne sais pas si vous avez compris mon embrouille semi-psycho-philosophique, mais en gros ça signifie que si tu te penses nul à tout jamais, tu resteras sans doute, malheureusement et immuablement, nul, alors que si tu crois en toi, tu trouveras les ressources pour évoluer et progresser.

Pour ma part, une fois la confiance en moi acquise, en tant qu'étudiante de choc, je m'oriente vers la filière scientifique dite « S », qui offre plus de possibilités pour la suite. C'est dommage d'ailleurs qu'en règle générale les filières plus pratiques et professionnelles soient choisies par défaut, par des élèves qui se pensent incapables de trouver une autre issue, et non par passion ! Le système y jette souvent désespérément des cancres alors que de belles histoires peuvent s'y tisser. Oui, parce qu'en BEP ou en bac professionnel on trouve de très beaux métiers avec de l'emploi à la clé.

Quoi qu'il en soit, pour moi, le bac S permet d'échapper aux lourdes lectures imposées de la voie littéraire (L) et à la compta soporifique de la filière économique et sociale (ES).

Comme je n'ai aucune idée de ce que je veux faire dans la vie, je gagne ainsi du temps sur ma réflexion tout en me gardant des portes ouvertes sur un large spectre de métiers. Et puis, mon papa vétérinaire est fier que je suive le même chemin que lui.

D'ailleurs, en parlant d'orientation, c'est un vrai parcours du combattant pour moi. Quand, à 17 ans, à plusieurs mois du baccalauréat, il nous est demandé de faire un choix d'études et donc de carrière, la panique m'envahit ! « Comment peut-on prendre une décision aussi lourde pour sa vie, quand on se sent à peine sorti du berceau ? » : voilà ce que je pense. Je n'ai aucune idée de ce qui me fait vibrer véritablement. Il y a bien des domaines qui me plaisent, mais, de là à y travailler, je ne m'en sens pas le cœur. Je suis bonne dans presque toutes les matières, mais n'ai aucune préférence. Je pense aux grandes écoles de commerce ou bien encore aux facs de médecine. « Ah oui, tiens ! me dis-je, le cerveau est un sujet vaste et encore à explorer. Et comme j'adore les enfants, pourquoi ne pas me former à la pédopsychiatrie ? En plus, papa sera content, ça se rapproche de ce qu'il fait ! »

Allez, hop ! Quelques mois plus tard, le baccalauréat en poche, me voilà propulsée sur les bancs de la fac de médecine de Jussieu, où on en apprend bien plus sur la physique et la chimie que sur le corps humain ou le cerveau ! Ce concours, c'est du bachotage, il faut l'avouer. Ce sont ceux qui sont capables d'accumuler le plus de connaissances qui s'en sortent. Autant vous dire que je préfère flâner dans les sublimes rues parisiennes que de me priver de déjeuner pour réviser à la bibliothèque et gâcher les dix prochaines années de ma vie ! Après trois mois, je claque donc la porte de l'amphithéâtre du concours blanc et… je me retrouve dans le pétrin ! Oui, parce que j'ai choisi la seule branche où le dossier scolaire n'est pas transférable et où, par conséquent, tout abandon en cours d'année entraîne la perte de cette année. Nous sommes en décembre et je ne sais plus quoi faire. Mon père est terriblement déçu, et mon grand amour de l'époque en profite pour me laisser tomber. Je suis au fond du trou !

Je comprends qu'avec toutes ces informations vous vous demandiez où je veux en venir et quand je vais remporter les 4 500 euros. Soyez patients, ça arrive !

Je reste presque deux semaines enfermée dans mon petit studio d'étudiante de 17 mètres carrés, étendue sur mon lit, sans bouger, les yeux rivés au plafond en attendant que le temps passe, pour oublier cette mauvaise période. C'est la première fois de ma vie que j'accumule autant d'échecs en si peu de temps ! Ah oui d'ailleurs, quelques semaines après, je loupe aussi mon permis ! Je fais fort ! Je perds mon travail, l'estime de mon père, mon mec et mon espoir de liberté en quelques jours ! *Beau record n'est-ce pas ?* Je comprends à ce moment-là ce que signifie l'expression « broyer du noir » ! Je ressemble désormais bien plus à un poulpe mort qu'à une jeune fille de 18 ans. Mais bon, ce qui est hyperpositif quand on touche le fond c'est qu'on n'a pas d'autre choix que de remonter à la surface ! Et puis l'avantage d'être sous l'eau, c'est qu'on ne peut pas brasser d'air. Ça cogite à 10 000 % dans ma tête ! Mais qu'est-ce qui m'anime réellement au fond ? *– Au fond de mon cœur, pas au fond de l'eau bien sûr…*

Ha, ha, ha ! Humour d'Angie ! – Quel métier pourrait me rendre heureuse ? Pourquoi mon copain ne m'aime plus ? Suis-je complètement désespérante ? Repoussante ? Inintéressante ? Est-ce que mon père me pardonnera ?

Il y a des périodes comme ça où tout va mal. Je pense qu'on l'a tous expérimenté au moins une fois dans sa vie… ou plus… comme moi. Eh bien, sachez qu'avec un peu de force et de volonté on peut transformer l'adversité en opportunités inouïes ! Les difficultés de la vie peuvent être une chance pour prendre de la distance avec ce qui ne va pas, et se remettre en question. Et quand on prend le temps de réfléchir sur soi, sur la vie et sur les choses essentielles, on est beaucoup plus serein pour envisager la suite et prendre des décisions constructives, on ne perd jamais son temps.

Pourtant, sur le moment, je suis persuadée que j'ai gâché ma première année d'études supérieures, que j'ai redoublée : c'est la fin du monde !

Mais, dans cette énorme caverne sombre de désespoir, une petite lumière me ramène vers l'extérieur.

Je reçois un appel de l'une de mes amies d'enfance et cette fois, contrairement aux 15 jours qui ont précédé, je me décide à répondre ! Lorenza me propose de se réunir entre copines du primaire toute une journée chez elle comme autrefois. Cette invitation redonne une petite étincelle au vide abyssal dans lequel je me trouve, et me motive à sortir de ma couette et à essuyer mes larmes pour remettre le nez dehors. Je sais que je vais passer un moment réconfortant et chaleureux, plein de souvenirs et de rires. Ces trois amies sont des piliers pour moi. Je sais que, quoi qu'il advienne, elles seront toujours là. On peut se perdre de vue très longtemps, des mois, des années, partir à l'autre bout du monde, chaque fois que nous nous retrouvons, rien n'a changé ! C'est ça l'amitié, non ? Nous savons quel enfant chacune de nous a été, les parents que nous avons eus, les interactions familiales dans lesquelles nous avons baigné, notre parcours, les obstacles que nous avons rencontrés, les chagrins d'amour qui nous ont blessées ; nous connaissons nos failles, nos peurs, nos doutes, nos qualités et nos défauts ; nous savons qui nous sommes vraiment, et c'est la raison pour laquelle nous nous aimons tant. Quand on était plus jeunes et qu'on était prises d'un énorme fou rire, il arrivait très fréquemment que l'on finisse par oublier qu'on avait un sphincter urinaire… On sautillait comme des petites puces hilares emportées dans une course effrénée pour arriver la première aux toilettes. L'une d'entre elles, dont je ne mentionnerai pas le nom pour conserver sa dignité de femme et de maman (elle se reconnaîtra), n'avait pas réussi à atteindre les WC. La moquette de mes parents s'en est souvenue. On en parle encore aujourd'hui. Il y a des oublis qu'on n'oublie jamais ! Et ça vous unit à vie !

Et ces 4 500 euros gagnés ? On y arrive ! Je profite donc de cette perspective de sortie entre amies pour aller faire quelques courses à l'hypermarché le plus proche, et c'est là que *– bon sang, quel suspense ! –* je me retrouve devant une superbe promotion, en tête de gondole, pour un appareil photo instantané Polaroid. *Je vous jure qu'on y est, ça y est !* Je me dis que cette offre tombe à point pour notre journée filles ! Nous pourrons immortaliser tous les super moments que nous allons passer ensemble, nos pires grimaces, nos plus beaux fous rires et nos délires. Rien que d'y penser, l'espace d'un instant, je retrouve le sourire et la joie de vivre ! En ouvrant le paquet dans ma voiture, je laisse échapper un prospectus promotionnel sous le siège. Je me baisse pour le ramasser et, alors que j'aurais pu le balancer comme à mon habitude, celui-ci attire mon attention.

Dernière parenthèse. Ce passage fait très film mystérieux, vous ne trouvez pas ? J'imagine bien le bruitage obscur et énigmatique qui accompagne cette action. Voix off : « Je me penche pour attraper le flyer et, tout d'un coup, mon regard croise… », et bim ! Le son ténébreux retentit ! Vous me trouvez hyperactive et vous avez du mal à me suivre ? C'est une bonne nouvelle, c'est que vous commencez à me connaître ! En fait, j'insiste un peu sur ce moment, car ce que je vais découvrir sur ce flyer va jouer un rôle important dans la suite des événements.

La société Polaroid lance un appel à candidatures pour un concours d'écriture avec comme premier lot, au choix, un voyage de trois jours à Hollywood ou bien un chèque de la valeur de ce séjour ! Tiens, pourquoi ne pas tenter ma chance ? Une partie de moi est persuadée que cela ne sert à rien, qu'on ne gagne jamais à ces jeux-là, et surtout pas moi avec mon inexpérience. Et puis d'un autre côté, il y a ma petite voix intérieure qui me souffle ce que me répète souvent ma mère : « Le "non", tu l'as déjà, alors va chercher le "oui" ! » C'est si évident ! C'est vrai que je ne risque rien à essayer après tout ! Au pire, on me dira non et j'en serai au même point qu'aujourd'hui.

Polaroid CASTING
ENVOYEZ VOTRE PHOTO POLAROID
PARTEZ À HOLLYWOOD
POUR Y ÊTRE FILMÉ
COMME UNE STAR !
Paramount
The PARAMOUNT logo is a Registred Trademark of Paramount Pictures Corporation. All Rights Reserved.
www.polaroid-casting.com
DANS CE DÉPLIANT, VOTRE BULLETIN DE PARTICIPATION
ET PLEIN D'AUTRES CADEAUX...
Polaroid
600
Polaroid
JOYCAM
Fun Pack
JOYCAM
JIM CARREY
the TRUMAN show
SEAN CONNERY
À LA POURSUITE D'OCTOBRE ROUGE
ALEC BALDWIN
"The Truman Show" © 1998 Paramount Pictures and "The Hunt for Red October" © 1990 Paramount Pictures. All Rights Reserved.
i-zone
i-zone

Parfois, on accumule les échecs et d'autres fois on remporte le gros lot : c'est aussi ça la vie. Selon moi, il faut juste savoir rebondir quand ça ne va pas dans le sens voulu. C'est certainement parce qu'on n'a pas pris le bon chemin, tout simplement, et non pas parce que c'est un échec. Les échecs n'existent pas, les erreurs de direction oui. Il suffit juste de redresser la barre et, hop, on change de cap pour une nouvelle possibilité de réussite.

Je lis attentivement les conditions de participation : pour tenter sa chance, il faut se prendre en photo avec l'appareil Polaroid acheté et écrire un poème en rapport avec cette image. Prose, vers ou slam, peu importe la forme du contenu, libre à nous de nous exprimer et d'émouvoir. Sur le moment la motivation est bien là (merci maman), mais moins l'inspiration je vous l'avoue. Je garde donc bien au chaud ces papiers et je file rejoindre mes amies. Bien sûr, la journée se passe exactement comme je l'imaginais : une grande bouffée d'air frais ! Mon Polaroid fait fureur, il est devenu notre joujou du jour ! *Je vous assure, ce n'est pas une pub, je n'ai aucun lien commercial avec cette société !* Lorenza a la bonne idée de proposer une séance de photos dans sa sublime véranda jonchée d'arbres et de plantes exotiques. C'est à peine si l'on peut se mouvoir tellement les végétaux occupent l'espace. C'est beau, sauvage et surtout… inspirant ! Clic ! Un premier cliché rétro développé instantanément… Clac ! En voilà un second. C'est dans ce joyeux élan que l'inspiration me vient *– images au ralenti, l'intrigue est à son apogée !* Toutes ces branches entremêlées me font penser à ce que je vis actuellement : une jungle de difficultés, un enchevêtrement d'épreuves que je ne sais comment affronter et au sein desquelles je me sens perdue. De retour chez moi, je saisis mon stylo et j'écris ce poème qui me propulsera au rang de candidate officielle du concours !

Quelques semaines plus tard, alors que j'ai oublié cet épisode, je reçois un appel du service de communication de Polaroid, qui m'annonce la grande nouvelle : j'ai gagné ! Sur le moment je pense à une blague, mais la personne au bout du fil semble sincère. Peut-être que je suis la seule à avoir participé ? Ce serait une explication. Je n'y crois pas, d'autant que mon poème ne casse pas trois pattes à un canard ! Mon père aussi est sceptique. « Mais ma fille, dans quelle arnaque tu t'es encore fourrée ? » me dit-il en ajoutant : « J'y croirai quand tu recevras l'argent sur ton compte. » Oui, parce que je prends la sage décision de renoncer à faire ma star à Hollywood avec lunettes de soleil Gucci et talons aiguilles Louboutin, et choisis d'utiliser cette somme à bon escient : pour construire mon avenir et suivre les études qui me conviennent.

Je remonte dans l'estime de mon cher père, et reprends soudain confiance en moi. Je sais désormais que je dois écrire, que c'est ma voie. J'ignore comment, et dans quel domaine, mais c'est ça que je veux faire ! Et c'est pile à ce moment-là que les gens autour de moi se réveillent, qu'ils me confient n'avoir jamais compris mon choix d'orientation pour la médecine, moi que l'on a toujours connue allergique à la morbidité, avec une légère tendance hypocondriaque ! Merci à toutes ces personnes pour leur clairvoyance incontestable, mais si elles me l'avaient dit plus tôt, elles m'auraient peut-être épargné cette mésaventure. Quoique, après réflexion, je sois

Perdue dans la jungle ,
emprisonnée par nos habitudes et notre société,
je cherche désespérément une issue.
L issue est la lumière, la lumière est le cinéma.
Sans raison et sans preuve, je sais.
Je sais qu il suffit d écarter quelques branches pour
atteindre « le rêve du cinéma », un voyage magique
qui me permettra de m'évader enfin.
Je cours, je cours à travers ce vert qui m'entoure,
à travers l'espoir.
Epuisée, je lève les yeux au ciel, et je plonge, sans
force, dans un autre univers.

Ma vue est panoramique, mon imagination est
sans limite, et la vie s' ouvre à moi.
Devant moi, se dressent à la fois l amour, la haine,
l'exotisme, la nature, la beauté, l abstrait, le concret
et tout simplement LA VERITE.
Mon rêve est réalisé.

Issy les Moulineaux, le 16/04/02

Objet : Jeu concours Polaroid Casting du 1e novembre 2001 au 28 février 2002

Mademoiselle,

BRAVO ! VOUS AVEZ JOUE ET GAGNE AVEC POLAROID

Nous sommes heureux de vous attribuer, à la suite du jeu-concours POLAROID CASTING auquel vous avez participé, un dédommagement (article 8-1 a du règlement) dans la mesure où vous avez renoncé au voyage (art 8-1) d'un montant de 4 573.47 € (30 000 Frs) que nous serons heureux de vous adresser, dès le retour de la lettre ci jointe dûment signée par vos soins et ce, sous 15 jours.

Le président du Jury

Exemplaire à conserver

fière d'avoir suivi ce chemin escarpé, d'avoir trébuché dans un virage puis d'avoir réussi à me relever. J'ai l'impression de m'être renforcée, d'avoir grandi.

Dans les deux mois qui suivent, je deviens riche ! Je ne parle pas de l'argent que je perçois sur mon compte, bien sûr, mais de tout ce que cette expérience m'a enseigné ! J'ai testé mes limites, j'ai appris à mieux me connaître, et surtout, j'ai réussi à sublimer cette période difficile. Je me suis sans aucun doute enrichie intérieurement.

C'est ainsi que je me dirige avec conviction et motivation vers un domaine plus littéraire, celui de l'information et de la communication. Et même qu'avec un peu de persévérance administrative, ou beaucoup d'acharnement *– choisissez ce que vous préférez –*, on m'a accordé, à titre exceptionnel, le transfert de mon dossier à la fac en fin de première année de DEUG *– ça non plus, ça ne nous rajeunit pas : c'est ce qu'on appelle aujourd'hui une « première année de licence ».* Bon, j'admets avoir été un peu insistante auprès de l'assistante administrative de l'université en me pointant tous les matins à 9 heures devant son bureau. J'aurais pu y rester des matinées entières s'il l'avait fallu, déterminée à atteindre mon objectif de réintégration scolaire ! Si ça se trouve, j'ai fini par la hanter la nuit !

À croire que ça paie. L'année d'après, j'obtiens mon diplôme (bac + 2) puis je passe le concours pour intégrer l'Institut français de presse d'Assas (Paris II). C'est une belle lancée puisque je le réussis, et c'est aussi avec succès que j'en ressors, deux ans plus tard, avec une maîtrise en main (bac + 4). Les 4 500 euros me sont d'une grande aide, car les études à Paris coûtent très cher! Certaines semaines, il ne me reste que 5 euros pour manger. Mais j'aime cette vie un peu bohème, portée par la solidarité entre étudiants qui s'invitent chacun son tour à partager un énorme saladier de pâtes nature autour duquel, tel un feu de camp, on chante et on rit, insouciants. Il nous arrive aussi de flâner dans les rues de Paris le soir ou de sillonner les bars dansants. Même pauvres, c'est cool!

L'arrivée dans la vie active est toutefois un petit choc, j'avoue. Je ne devrais pas me plaindre, car j'ai trouvé un emploi aussitôt mes études terminées – ce qui est déjà une chance –, mais c'est vrai que c'est dur de renoncer aux soirées étudiantes et aux trois mois de vacances d'été. Pourtant, j'apprécie beaucoup mon job de responsable communication et marketing pour une société d'édition de magazines de jeux vidéo. Je découvre un domaine aussi fascinant que créatif, et je peux faire mes preuves grâce aux responsabilités qu'on m'a accordées. Cependant, manque de pot, la petite société indépendante qui m'emploie ne résiste pas aux grands groupes qui lui font face, ce qui me vaut un licenciement économique, 18 mois plus tard. Je vous assure que mes actions n'ont pas été vaines pourtant, le chiffre d'affaires ayant doublé depuis mon arrivée dans la boîte. Mais cela ne suffit pas, les dettes sont déjà trop importantes au moment de mon recrutement, le destin était scellé d'avance. Sur le coup, vous pouvez imaginer ma déception, mais cela me mène tout droit vers l'expérience cruciale sans laquelle je n'aurais peut-être pas créé ma chaîne YouTube : mon expatriation de trois ans aux Pays-Bas!

Cette première expérience professionnelle d'un an et demi me permet de découvrir le monde du travail, mais aussi de comprendre que je n'ai pas fini de me former. En effet, je prends conscience que mon niveau d'anglais est trop médiocre pour le domaine dans lequel j'exerce. Et forcément, un jour, ce manque de compétence linguistique va me limiter. Je n'ai que 23 ans, et j'ai encore du temps pour étoffer mon CV. Alors, bien qu'un ancien client essaye de me débaucher, je décide de préparer un séjour à l'étranger. Je suis prête à être fille au pair ou à faire n'importe quel petit boulot qui me permettra de m'immerger dans la langue anglaise. Parce que, pour le moment, c'est plus du « Dou yiou wont some bred ? ».

Alors que cette idée de voyage commence à émerger, une amie m'invite à passer la soirée dans un bar irlandais du quartier de Montparnasse. Ce soir-là, il y a plein de groupes d'étrangers : ça tombe très bien, je vais pouvoir m'entraîner un peu *in English* ! *Bon, en revanche, ne me demandez pas quelle était leur langue maternelle, je n'ai absolument rien compris !* Dans l'un des groupes, il y a un jeune homme fort sympathique dont je m'amourache tout de suite. Enfin, je ne peux pas dire que je le trouve drôle ni intéressant puisque je n'arrive pas à comprendre un mot sur vingt de ce qu'il me raconte, mais je suis complètement envoûtée par ses beaux yeux bleus et son sourire enjôleur. D'un air hébété, je réponds « yes » à tout ce qu'il me demande, et ça passe puisqu'il continue à sourire. *Quelques mois plus tard, il me confiera qu'il n'avait même pas remarqué que je ne pigeais absolument rien de la conversation ! Bon, il faut dire qu'il avait eu de son côté, la main un peu lourde sur les pintes de bière.* À nous deux on forme une belle paire ! C'est presque romantique ! Nous sortons nous promener et au moment de nous quitter, plus question de différences culturelles ou idiomatiques, un seul geste universel nous réunit : un baiser doux et langoureux.

Je rentre chez moi tout émoustillée et guillerette, jusqu'à ce que je redescende de mon nuage et réalise que… oh ! la bécasse… je n'ai pas pris son numéro de téléphone ! J'ai bien noté le mien sur un bout de papier qu'il a plié et glissé dans sa poche, mais je n'ai aucune garantie qu'il ne l'a pas perdu ni qu'il va me recontacter ! Je fais une descente spectaculaire du septième ciel à la réalité où je me trouve, là, à 6 heures du matin, allongée sur mon lit, lamentablement dépitée !

Le lendemain jusqu'à 13 heures, aucune nouvelle. Je crois bien avoir compris qu'il quitte la France dans l'après-midi, mais je n'en suis pas certaine. Je vaque à mes occupations du dimanche avec un brin de mélancolie, je crois bien que c'est fichu. Pour une fois que j'ai un coup de cœur ! Ça me fera une belle leçon, me dis-je, la prochaine fois j'arrêterai de faire ma midinette et me concentrerai sur l'objectif ! Si ce bel étranger m'a filé sous le nez, ça n'arrivera pas une deuxième fois ! Mais, aussi inattendu que cela puisse paraître, la sonnerie de mon téléphone retentit. J'espère vraiment que ce n'est pas ma mère ni mon amie de la veille qui s'inquiéterait de m'avoir laissée partir avec un inconnu. Mais non, c'est un numéro privé. Pourvu que les pubs pour opérateurs téléphoniques ne fonctionnent pas le dimanche ! Je réponds et… j'entends un charabia en anglais ! Bonne nouvelle, c'est lui ! YOUPI ! Les seuls mots sur lesquels on se comprend sont

« tour Eiffel ». Donc, c'est au pied de notre chère Grande Dame de Fer que nous nous retrouvons, les yeux pétillants, comme deux amoureux. C'est cependant de trop courte durée puisqu'il a un train de retour vers Amsterdam à la fin de la journée. Nous échangeons nos mails, une nouvelle manière de communiquer qui m'arrange bien *– merci Google Traduction !*

Dès le lendemain, je reçois un mail. À l'écrit, tout devient plus limpide. Il est allemand, mais vit aux Pays-Bas où il travaille comme professeur et ingénieur du son dans une école d'audiovisuel néerlandaise. Je lui parle de mon projet de partir vivre quelques mois au Royaume-Uni pour améliorer mon anglais ; et j'envisage de profiter du week-end de repérage que j'ai prévu à Londres pour faire un détour par Amsterdam afin de le revoir.

Ce plan se met rapidement en place, et quelques semaines plus tard nous marchons main dans la main le long des canaux d'or de la capitale, Amsterdam.

Il est clair que je n'ai plus du tout envie de partir à Londres ! D'abord, les loyers sont démesurément élevés, ensuite, l'amour commence doucement à me déraciner. D'un commun accord, nous décidons donc d'emménager ensemble au cœur d'Amsterdam dans un très joli deux-pièces. Une nouvelle aventure commence ! Maintenant, ma mission consiste à trouver un job d'expatrié qui me permettrait de parler anglais couramment ! Je commence par suivre des formations intensives pendant trois mois : combinées avec mes cours de langue en situation réelle à la maison, c'est très formateur !

Je ne suis pas arrivée depuis une semaine que je repère déjà une annonce très attractive sur un site d'expatriés français : une offre d'emploi de présentatrice télé pour AB Production Belgique. J'y réponds très rapidement et, le lendemain, je suis convoquée à un casting à 20 minutes d'Amsterdam en voiture. Suspectant un rendez-vous douteux, je donne l'adresse à mon copain au cas où il n'aurait plus de mes nouvelles. *On ne sait jamais ! Et s'ils étaient des kidnappeurs de jeunes Françaises ?*

Le bâtiment, d'une architecture très contemporaine et tout en verre, en impose. Dès que j'arrive, une petite femme blonde très souriante m'emmène dans un studio où elle m'enferme seule *– flippant, non ?* Quelques secondes plus tard, j'entends sa voix dans l'oreillette qu'elle m'a posée et elle commence par me demander de suivre ses instructions. *Ah oui, je précise qu'elle me parle anglais*. Une caméra me fixe dans un décor de jeu télévisé.

« Could you please introduce you to the camera ? » (« Pouvez-vous vous présenter devant la caméra ? »). *Fastoche !* Je m'exécute avec aisance et naturel. Il faut dire que ma mère, qui a été actrice, m'emmenait souvent sur les plateaux de cinéma quand j'étais petite. J'ai été logée à la bonne enseigne !

« Niiiiiiiccccceee ! Veryyyy niiiiice ! » *– « Biennnnnnnn ! Très biennnnnn ! »* La dame semble vraiment satisfaite de mon intervention. Rien qu'au ton, elle a l'air emballée ! Elle en fait presque un peu trop, mais ça me flatte ! Sauf que je sais très bien qu'elle n'a rien compris à ce que j'ai dit ! D'ailleurs, c'est peut-être pour cette raison qu'elle trouve ça super.

« Now, I will show you a game at the screen in front of you, could you explain the rules to the viewers and host it ? » *(« Maintenant, je vais vous montrer un jeu sur l'écran qui se trouve en face de vous. Pouvez-vous expliquer les règles de ce jeu aux téléspectateurs, puis l'animer ? »)* Là, mes jambes tremblent ! Combien de temps faut-il que je parle ? Et si je raconte des bêtises ? Maintenant que je suis là je ne peux plus faire marche arrière, alors je me jette à l'eau avec un débit assez impressionnant. Je crois que même un insomniaque pathologique aurait succombé !

Alors que je suis toujours en train de parler, la recruteuse ouvre la porte du studio et se jette dans mes bras *(heureusement, il n'y avait pas le Covid à l'époque).* Elle m'annonce joyeusement, et avec beaucoup de superlatifs, que le contrat est prêt et que je commence la semaine suivante !

Je suis ravie, évidemment ! Le salaire est mirobolant, et les conditions de travail rêvées. Je travaillerai deux heures par jour en direct, pour un cachet de 300 euros avec des primes en fonction de l'audience. J'aurai une coiffeuse-maquilleuse pour chaque émission, une styliste qui choisira mes tenues, ainsi qu'un chauffeur privé qui me récupérera devant chez moi pour m'emmener dans les studios. La vie de princesse !

C'est sûr que ce n'est pas le programme le plus intéressant ni le plus glorieux, puisqu'il s'agit d'un format de type « call-TV » – « télé-tirelire » en français – dont le principe est d'inciter les téléspectateurs à participer via un numéro de téléphone surtaxé ou par SMS. Mais en attendant, je comptabilise plus de 3 000 heures de direct en deux ans, et j'acquiers une expérience significative de l'improvisation face à la caméra et dans le milieu de l'animation télévisuelle. En parallèle, comme j'ai toujours besoin de plus de défis, notamment intellectuels, j'obtiens, trois mois après le début du jeu, un poste de journaliste pour les reportages de Yahoo Actualités.

Pendant ces trois années passées aux Pays-Bas je travaille beaucoup, et ce que j'y apprends me donnera les armes pour créer, quelques années plus tard, ma chaîne YouTube. Je crois que toutes nos expériences nous enrichissent quelles qu'elles soient, car, même éloignées de notre chemin d'origine et sans qu'on en ait conscience sur le moment, elles nous seront utiles un jour ou l'autre dans notre vie. Finalement, je ne regrette pas d'avoir été licenciée. Encore une fois, ce que je considérais comme un échec est devenu, très clairement, l'opportunité qui m'a menée ici, à Amsterdam, et à cette découverte du milieu audiovisuel.

En 2009, la société de production cessera cette activité, car ce format télévisuel, très controversé, sera supprimé des chaînes de télé. De mon côté, mon couple bat de l'aile, mes proches en France me manquent, je prends donc la décision de rentrer. Si je dois retenir une chose de ce séjour d'expatriée, c'est que l'on n'est jamais aussi proche de soi-même que loin de chez soi. C'est ainsi qu'Angélique s'est rapprochée de la future Angie.

3 ➲ LE CHÔMAGE ET MES PREMIERS PAS SUR FACEBOOK

De retour à Paris, je vais vivre chez mon père dans la région parisienne, le temps de retrouver du travail et un logement. S'ensuit une longue période de 18 mois d'errance professionnelle. Et moi qui pensais conquérir la France avec mon impressionnant CV et mon anglais courant ! C'est tout l'inverse qui arrive. En 2009, nous sommes en pleine crise économique, en récession, et trouver un emploi alors que les sociétés licencient en nombre relève du fantasme. *Je peux vous dire que c'est surtout la grande régression pour moi !* À 26 ans, après avoir goûté plusieurs années à la liberté et l'indépendance, j'habite de nouveau chez mon père, je me retrouve dans ma chambre d'ado, entourée de mes livres de terminale et des peluches puantes et à moitié déchiquetées de mon enfance. Ce retour en arrière, qui va durer bien plus longtemps que je n'aurais pensé, me met un coup au moral. Il m'arrive parfois de serrer bien fort mon vieux doudou pour me consoler. Pendant cette période de chômage, j'ai le temps de renouer avec de vieilles connaissances *– vieilles… tout est relatif ! –*, et de m'atteler à de nouveaux loisirs créatifs comme la peinture. Cette discipline me plaît, mais je ne suis vraiment pas douée. *Je vous épargnerai donc la description de mes toiles – ou plutôt de mes hiéroglyphes – afin de ne pas entacher ma réputation d'artiste.* Et puis, dans cette période de transition, j'ai aussi le temps de m'investir dans Facebook ! Cela fait bien longtemps que mes amis m'y invitent et m'encouragent à m'inscrire, mais, aussi drôle que cela puisse paraître aujourd'hui, à l'époque, les réseaux sociaux ne sont pas trop mon truc. Je vis encore avec les méthodes archaïques comme l'envoi de cartes postales… c'est pour dire ! Pourtant, dans un moment de fragilité émotionnelle, je finis par craquer et créer un compte. Au départ, c'est purement dans un cadre personnel et privé ; loin de moi l'idée que cette plateforme pourrait un jour contribuer à développer mon business. Je me prends vite au jeu de rejoindre des groupes, d'enregistrer des anciens camarades de classe, et de prendre des nouvelles d'anciens amis perdus de vue via la messagerie. Je découvre à ce moment-là que j'ai un petit côté voyeur aussi *– enfin, de nos jours, c'est entré dans les mœurs !* Heureusement, la curiosité n'est pas qu'un vilain défaut puisqu'elle me mène jusqu'à Thomas, mon futur compagnon et père de mon fils. Je reviendrai plus loin sur notre rencontre et sur mon couple, mais je peux déjà dire que, grâce à Facebook, je retrouve un jeune pianiste que j'avais connu à l'âge de 8 ans, lors du tournage d'un film dans lequel jouait ma maman comédienne. Quelques mois après nos premiers échanges épistolaires sur ce réseau social, je pars le rejoindre à Lyon, et mon ventre commence à s'arrondir dans l'attente de la naissance de notre petit garçon, que nous allons prénommer Hugo. *Tout va si vite avec ces réseaux sociaux ! Merci Facebook !*

4 ➲ MA GROSSESSE

Cette grossesse, je l'espère en réalité depuis bien longtemps. Non pas que je rencontre des difficultés pour tomber enceinte, car, malgré de petits soucis hormonaux, le test est positif dès le premier mois d'essai, mais plutôt parce que j'ai toujours eu un désir d'enfant prononcé, une sorte d'instinct maternel inné sommeillant en moi. J'ai toujours su, même petite, que je voulais un enfant, que j'étais faite pour être maman. Toute jeune déjà, je passais les fêtes de famille à pouponner les bébés de mon entourage plutôt que de jouer avec les autres enfants ou ados. C'était viscéral. À la vingtaine, j'étais en décalage de ce point de vue avec les filles de mon âge. En milieu rural, c'était plus fréquent de s'y intéresser jeune, mais qu'une étudiante parisienne ambitieuse ait un tel désir d'enfant relevait davantage de l'ovni. Je savais au fond de moi que j'aspirais à exercer une profession qui aurait un rapport avec les enfants, mais je ne savais pas vraiment laquelle. J'ai par ailleurs passé mon BAFA, obtenu le certificat des premiers secours et j'ai travaillé, à l'époque où j'étais lycéenne puis étudiante, dans des centres aérés. Pendant mes années de fac, j'ai même été auxiliaire de vie scolaire individuelle auprès d'enfants dyspraxiques. Je pense que ce qui me plaît chez les enfants, c'est leur spontanéité, leur pureté, et le fait que je me sente investie d'un rôle de transmission auprès d'eux. Tout ce qui touche de près ou de loin aux enfants m'émeut, au point que je ne peux écouter *Qui a le droit* de Patrick Bruel sans verser ma larme. Si vous trouvez ça ringard, je suis tout à fait d'accord avec vous. Bref, quand j'apprends que je suis enceinte, que je ne vais plus seulement m'occuper des enfants des autres, que je vais avoir le mien, la chair de ma chair, je ressens un bonheur indescriptible. Les trois premiers mois, malgré les nausées et les petits désagréments de la grossesse, je me sens pousser des ailes. Je cours partout, le sourire aux lèvres. Je suis autant portée par les hormones que par cette joie immense que je ressens. Cependant, sur mon lieu de travail, la nouvelle n'a pas le même effet.

Tout juste après mon arrivée à Lyon, je suis recrutée en CDI comme conceptrice-rédactrice Web. Comme je suis encore en période d'essai lorsque je découvre que je suis enceinte, l'employeur se sent piégé. Quelques semaines plus tôt, mon gynécologue m'avait pourtant dit qu'avec mes dérèglements hormonaux, un bébé n'allait pas arriver tout de suite. Aussi, je croyais sincèrement que j'avais le temps d'investir mon nouveau poste tranquillement, avant d'envisager un congé de maternité. Mais la vie en a décidé autrement. Ma collègue, qui elle aussi avait un désir d'enfant, s'en était ouverte à notre supérieur et, ensemble, ils s'étaient mis d'accord sur le moment où elle pourrait concrétiser ce projet. En l'occurrence, il lui avait demandé d'attendre deux ans et elle en avait pris bonne note. J'ai toujours trouvé ça vraiment déplacé, comme s'il n'y avait plus de frontières entre l'intimité et le professionnel. Pour ma part, afin de ne pas trop les brusquer, j'aurais bien attendu quelques mois avant de leur annoncer ma grossesse, mais mes allers-retours interminables aux toilettes m'ont trahie. L'ambiance se dégrade de jour en jour, ce qui me pèse beaucoup. Sur la route du bureau, matin et soir, mon ventre se durcit douloureusement. Je ne sais pas encore à ce moment-là qu'il s'agit de contractions.

Vers le quatrième mois de grossesse, alors que je suis au bureau, les douleurs s'amplifient. Je n'arrive plus à me redresser tellement je souffre du bas du ventre. J'avais ressenti comme une déchirure à l'intérieur, et depuis ça me fait mal. Je passe ma journée à surfer sur le Net pour tenter de trouver des témoignages et comprendre ce qu'il m'arrive. Misère ! C'est le meilleur moyen pour tomber sur le pire ! N'importe quel ganglion se transforme en cancer, une douleur thoracique en une crise cardiaque, et la moindre constipation devient une occlusion intestinale. À force, vous finissez par vous imaginer gisant sur un brancard, le corps inerte, entourée de votre famille prête à signer les papiers pour les dons d'organes. Les joies d'Internet ! Outre ces situations extrêmes, de toutes mes recherches, il ressort que ces sensations ne sont, quoi qu'il en soit, absolument pas normales, et que je dois consulter au plus vite. Ainsi, sur le chemin du retour, je m'arrête au CHU le plus proche. Je pense que ce détour sauve mon bébé, car les examens révèlent que mon col est ouvert et que sa tête y est déjà engagée. Je ne suis qu'à 18 semaines de grossesse et l'accouchement menace déjà. Je suis abasourdie, dans l'incompréhension totale. Ma tension grimpe en flèche et la gynécologue de garde prend la décision de me surveiller jusqu'à ce qu'elle redescende. Thomas me rejoint, et on nous annonce alors qu'à partir de ce jour je suis en « MAP », le terrible acronyme pour « menace d'accouchement prématuré », que je dois arrêter de travailler et m'astreindre à 30 minutes de marche par jour maximum. Moi qui rêvais d'une grossesse heureuse et épanouie, c'est fichu ! Le plus dur n'est pas tant de voir mon rêve se briser que de m'imaginer perdre ce bébé auquel je me suis déjà tellement attachée. J'entends encore les mots terrifiants de la gynécologue résonner en moi : « Si vous accouchez maintenant, on ne pourra rien faire. » À ce stade on parle encore de fausse couche, un terme que je trouve bien trop léger au regard de l'importance de ces quatre mois de partage avec notre bébé. C'est tout de même la moitié de la grossesse, un petit être avec lequel on s'est projeté, que je sens bouger chaque jour et que l'on aime déjà. J'écoute donc à la lettre les recommandations en restant, pendant les quatre mois qui suivent, alitée, sous surveillance régulière à domicile, avec cette épouvantable épée de Damoclès érigée au-dessus de ma tête (j'accoucherai à 8 mois pile, du coup) !

Thomas travaillant avec des plages horaires très larges, y compris le samedi, je passe 80 % de mon temps seule, entre quatre murs, dans mon lit ou sur le canapé, à me balader sur Internet. Et je peux vous dire que quatre mois c'est long… très long ! Mais l'avantage, parce qu'il y en a toujours un, c'est que j'ai le temps de faire un petit tour d'horizon de mes envies et de mes ambitions professionnelles. En effet, je me rends compte que je n'ai pas encore trouvé ce qui me ferait réellement vibrer. Et puis mon poste actuel est encore bien éloigné du domaine de l'enfance que j'affectionne tant. Alors, maintenant que je vais être maman, je dois avancer, éclaircir cette nébuleuse qui me poursuit depuis tant d'années.

Je prends connaissance de plusieurs formations, et l'une d'entre elles retient mon attention : celle de conseillère conjugale et familiale. Il s'agit d'une travailleuse sociale spécialiste de l'accompagnement, en groupe ou individuel, de personnes en difficulté telles que des familles, des couples, des enfants ou des ados, sur le plan affectif, relationnel et/ou sexuel. Je suis attirée par le large spectre des possibilités d'exercer ce métier. Un conseiller conjugal peut travailler tout autant dans un centre de planification qu'à l'hôpital ou dans un cabinet libéral, ce qui offre de multiples perspectives. Au programme des deux années de formation : psychanalyse, sociologie, psychologie, philosophie, médecine, histoire et anthropologie, des matières qui titillent ma soif d'apprendre. C'est ainsi qu'entre deux émissions des *Maternelles* et discussions enflammées sur des forums de femmes enceintes, j'organise ma reconversion professionnelle, grâce aux droits à la formation au Fongecif acquis lors de mes années en entreprise. Il faut préparer tout un dossier avec lettre de motivation, fiches de métier, CV, paperasse administrative, etc. Une fois tout cela envoyé, j'obtiens une date d'entretien toutefois inquiétante : le 1er juin 2011, soit moins d'un mois avant la date prévue pour mon accouchement, le 27 juin. Comme je sais qu'il y a peu de chances, vu mon état, que j'accouche à terme, je croise les doigts pour que l'entretien ne tombe pas pendant mon séjour à la maternité. Sinon, cela repousserait mon projet d'un an ! Mais, Dieu soit loué, j'accoucherai finalement le 24 mai par césarienne. Je ressors de la maternité une semaine après, soit le 31 mai, et me rends à mon rendez-vous le lendemain, le 1er juin ! *Timing* parfait d'une nana hypermotivée ! Je ne vous raconte pas la tête de la personne qui me reçoit en me disant :

« Mais, vous ne deviez pas être enceinte ?

– Si, si, Madame, mais j'ai accouché la semaine dernière ! »

J'adore lire l'étonnement sur son visage. Ça me fait beaucoup rire ! Mais j'apprécie encore plus de voir le tampon validant ma formation sur le courrier reçu dans ma boîte aux lettres quelques jours après. Je vais suivre deux années de formation à un nouveau métier, et cela m'excite énormément !

Mon alitement de quatre mois fut donc constructif ! D'ailleurs, à force de surfer sur le Net et sur les forums de grossesse pour trouver des témoignages et échanger avec des femmes vivant la même galère que moi, je suis devenue une professionnelle dans ce domaine, et un véritable dictionnaire des sigles de la maternité. SA : semaines d'aménorrhée ; SG : semaines de grossesse ; ZOHM : mec ; PDS : prise de sang ; FIVETTE ou FIVET : fécondation in vitro et transfert d'embryon ; ZOZOS : spermatozoïdes ; GYGY : gynécologue ; HCG : hormone chorionique gonadotrophique, dite « hormone de grossesse » ; DDR : date des dernières règles ; LULU : pilule ; FC : fausse couche ; etc.

Il y en a des dizaines d'autres, mais je préfère vous épargner cette souffrance. Cela dit, il faut reconnaître que j'ai trouvé sur ces sites soutien et réconfort, exactement ce dont j'avais besoin à ce moment-là. Et puis les heures passées sur mon clavier, devant mon écran d'ordinateur, m'ont familiarisée avec le digital. J'y rencontre même une personne déterminante pour la suite des événements : mon amie Eva.

La naissance de Hugo est un éclatant artifice de joie et d'amour, un rêve éveillé. Je n'irai pas jusqu'à dire que c'est le plus beau moment de ma vie, car j'ai bien cru que j'allais périr avant de pouvoir m'enivrer de l'odeur de mon bébé ; mais s'il fallait repasser par cet ascenseur émotionnel pour revivre le bonheur de devenir maman pour la première fois, je le referais sans hésiter. Pour moi, ça a été une véritable révélation, un déclic. Le 24 mai 2011 à 14 h 37 j'ai fait deux rencontres exceptionnelles : l'une avec mon fils, et l'autre avec moi-même.

3 kilos de bonheur qui vont changer ma vie...

ET MON SOMMEIL !!!

5 ➲ LA CRÉATION DE MON ENTREPRISE

L'entrepreneuriat m'a toujours paru inaccessible. J'avais dans l'idée que pour créer et diriger une société il fallait avoir un tempérament de gladiateur, être prêt à combattre sans relâche malgré les blessures ou les obstacles. Pour moi, les entrepreneurs étaient des gens d'une autre espèce, voire des extraterrestres, des gens qui avaient de la poigne – tout ce que je n'avais pas et n'étais pas. Mais quand je deviens maman, une sorte de « force de Jedi » m'envahit telle une puissante énergie indestructible qui me rendrait quasi invulnérable. Ma personnalité s'affirme et je n'ai plus peur de rien, à part perdre ce que j'ai de plus cher, mon enfant. Je crois que ce qui a changé, c'est que, à partir de sa naissance, en une fraction de seconde j'ai arrêté d'être la personne la plus importante à mes yeux. Mon être tout entier en a été bouleversé et cela a eu un impact plutôt impressionnant, puisque je suis passée de la femme-enfant fragile et sensible à une sorte de princesse Leia à la personnalité endurcie ! *Bon, sans la coupe de cheveux bien sûr, il ne faut quand même pas exagérer !* Bref, je pense que vous l'aurez compris, la maternité nous métamorphose ! Eh oui, quand on a frôlé la mort, plus rien ne peut nous atteindre !

Calme-toi Angie… Quand mon congé de maternité prend fin, je suis juste mise au placard. Et dans un placard, il fait noir et ça ne sent pas très bon. C'est exactement comme ça que je vis mon retour au bureau et, malheureusement, je ne pense pas être la seule. Quand je pointe le nez dans ma super boîte lyonnaise, j'ai la belle surprise de trouver mon bureau vide, sans ordinateur, sans fournitures et sans personne pour m'expliquer ce qu'il se passe ! Les 7 heures de boulot, assise seule à ne rien faire, me paraissent des années ! Aussi, le rendez-vous avec la médecine du travail le soir même tombe à pic, car il permet de diagnostiquer mes dix-sept de tension – symptôme de mon stress de la journée –, me renvoyant tout droit chez moi, et cette fois en congé de maladie. Deux semaines plus tard, je signe une rupture conventionnelle, ce qui me libère d'un poids énorme.

C'est l'occasion de tout laisser tomber pour vivre une nouvelle aventure, me recentrer sur mes deux ans de formation et sur mon rôle de maman. *Vous devez commencer à me cerner, n'est-ce pas ?* Cette petite pause est de très courte durée car, à peine un an plus tard, à la mi-chemin du programme, j'ai une idée ! *Et les idées d'Angie doivent absolument se concrétiser sous peine de crise existentielle !*

En tant que stagiaire en observation dans un centre de planification, je me rends compte de la difficulté pour les jeunes de communiquer en matière d'éducation affective et sexuelle. Certains, plus courageux et plus informés, osent se déplacer pour poser leurs questions aux professionnels ; alors que d'autres, pudiques, honteux ou non informés, ne franchissent jamais le pas. Ces difficultés peuvent donner lieu à des IST (infections sexuellement transmissibles) non traitées, être le terreau d'idées suicidaires, ou encore aboutir à des grossesses non désirées. Parallèlement à cela, je fais le constat que les applications mobiles ont pris une grande ampleur en très peu de temps : selon Médiamétrie, le taux de pénétration des smartphones chez les 15-24 ans est passé de 40 % au troisième trimestre 2011 à 60 % au premier trimestre 2012. Je pense donc qu'il serait judicieux de passer par un support de téléphonie mobile pour atteindre le plus grand nombre de ces jeunes, gagner leur confiance, et ainsi mieux les sensibiliser et les orienter. J'imagine alors iConfident, un nouvel outil innovant de prévention santé qui mettrait en relation les jeunes avec des professionnels de l'écoute et/ou de la santé, par l'intermédiaire de messages anonymes et confidentiels. L'application mobile permettrait un nouvel accès à l'information, et deviendrait un nouveau moyen d'expression adapté aux habitudes des jeunes.

Néanmoins, pour créer un tel outil, il faut réunir de l'argent, construire un projet, gérer une plateforme, une équipe, ce qui revient à passer par la case entrepreneuriat ! *Vous savez, ce truc bien trop ambitieux pour moi !* Mais j'ai grandi, je suis désormais une maman responsable, et je me sens les épaules assez solides pour faire la démarche d'apprendre à entreprendre. C'est ainsi que, pour mener à bien ce projet, je suis, pendant trois mois, une formation à la création d'entreprise, au sein d'un organisme de microcrédit. L'avantage de passer par une association de financement, c'est qu'à l'issue de la formation on a toutes les chances de décrocher un petit budget pour démarrer à des taux raisonnables. Grâce à ces ateliers, je peux formaliser mon projet, apprendre à le vendre et à développer des stratégies en marketing. Je pars avec un peu d'avance grâce à mes qualifications en relations de presse et en communication. Je rencontre, pendant cette formation, une autre maman en pleine création d'une entreprise de cupcakes, Laury Makeda, toujours mon amie aujourd'hui. Après m'être rudement entraînée, je passe en commission, par l'intermédiaire de cet organisme, pour

Confident
Une question Une information Une oreille Une personne
CONCEPT INÉDIT D'APPLICATION MOBILE !
iConfident
Disponible dès octobre 2012
La 1ère application mobile qui vous "écoute" !
Confident
La 1ère application mobile qui vous "écoute"
téléchargement gratuit
achats intégrés
1 Confidentiel
2 Personnalisé
3 Facile
4 Neutre
Un questionnement sur un problème personnel ? Besoin d'un guide ou d'être écouté(e) ?
Echangez en direct par messages écrits avec un 'Coach confident' professionnel.
C'est très simple, posez votre question et laissez-vous guider!
Amour
Sexualité
Travail
Stress
Exams
Développement personnel
Amitié
Grossesse
Autre...
Disponible sur iPhone, iPad, smartphones et tablettes Androïd.
Disponible sur iPhone
Disponible sur iPad
Disponible sur smartphone
Disponible sur tablette
Pour plus d'informations : www.iconfident.fr

l'obtention d'un crédit intéressant. C'est un succès, car je repars avec 10 000 euros de prêt en poche, parée pour conquérir le monde. Non, que dis-je, avec iConfident, je suis surtout prête à aider les autres. Le projet est altruiste et social. Je pense que, d'une certaine façon, je veux réparer les blessures de l'enfance, favoriser une écoute dont j'ai manqué quand j'en ai eu besoin. D'ailleurs, c'est bien parce que je le vois ainsi, et non comme une véritable entreprise commerciale, que je me plante. Selon la définition, un entrepreneur est une personne qui sait identifier une opportunité dans son environnement, la saisir et créer de la valeur. J'ai bien reconnu une opportunité, mais je n'ai pas su lui donner de la valeur financière. J'ai excellé dans ce que je sais faire, la communication, mais je me suis trompée sur le plan économique. Si vous tapez « iConfident » sur un moteur de recherche, vous tomberez sur des articles révélateurs de l'engouement médiatique qu'avait suscité ce projet à l'époque. Euronews, TV5 Monde, NRJ, *Direct Matin*, *Métro*, France 3 Rhône-Alpes, *Vie pratique féminin*... beaucoup de beaux médias en ont parlé, mais il n'y a eu personne pour investir ! C'est entièrement de ma faute car, étant persuadée que ce projet relevait du service public, je suis allée frapper à la porte des services publics. J'ai sillonné la France avec ma cape de Wonder Woman à la rencontre de toutes les institutions susceptibles de m'aider, comme les agences régionales de santé (ARS), les mairies, les régions... mais en vain. L'intérêt pour le service était bien là, mais l'argent faisait défaut ! « Le nerf de la guerre », comme on l'appelle. Il y a tout de même eu 5 000 inscrits, ce qui prouve qu'il y a une véritable demande et un besoin clairement identifié. On peut vraiment dire que je me suis battue pour ce projet, comme une lionne qui aurait défendu son petit. C'est vrai que la persévérance est une qualité essentielle, mais jusqu'où faut-il aller sans sombrer dans l'acharnement ? Où se situe la frontière ? J'ai investi tout ce que j'avais. J'ai cogné aux portes de toute ma famille pour réunir des fonds, j'ai passé des nuits blanches, sauté des repas et, surtout, j'y ai cru. Après trois ans de combat, quand je n'ai plus un rond, je commence à envisager de me tourner vers les assurances et d'autres organismes privés. C'est une manière de me résigner, car ce n'est pas ainsi que j'imaginais iConfident. Je n'ai plus de temps devant moi ni les moyens. Il se produit alors l'événement le plus terrible de ma vie, celui qui bouleverse tous mes projets, qui remet en cause tout ce que j'ai entrepris : le décès de mon papa.

Avant de poursuivre sur le chapitre le plus douloureux de ma vie – et de ce livre –, j'aimerais juste vous dire que cette expérience en tant qu'entrepreneuse a été extrêmement instructive. Même si j'ai fait une erreur de stratégie de financement qui m'a menée à l'arrêt de l'application, et à la quasi-faillite de ma société, j'ai enfin palpé du doigt les enjeux de l'entrepreneuriat. Sans ce détour, je n'aurais pas su comment rebondir lorsque j'ai pris les rênes de ma chaîne YouTube. Tout cela n'est pas inné, ça s'apprend. Il y a certes des profils plus adaptés à ce genre de métiers, mais dans l'ensemble, c'est une question de travail, comme pour tout. Avec cette expérience, j'ai aussi aiguisé mon flair et mon intuition, des qualités essentielles pour devenir un bon entrepreneur. Pour réussir une bonne affaire il faut tout d'abord la sentir, puis repérer son potentiel et enfin trouver les ressources pour créer de la valeur. C'est grâce à tout cela que j'ai pu trouver la bonne inflexion au moment où j'entreprends pour la seconde fois, avec ma chaîne YouTube. Je sais désormais aborder les virages et faire les bons choix. La vie n'est jamais faite d'échecs, mais d'expériences parsemées d'embûches, de rebondissements et d'apprentissages.

6 ➲ LE DÉCÈS DE MON PAPA ET MA DÉCOUVERTE DE YOUTUBE

Je vais vous faire un aveu. Au moment où je m'apprête à écrire ces lignes, nous sommes le jour exact du sixième anniversaire du décès de mon père. Je n'ai pas fait exprès d'en arriver à ce chapitre-là, ce jour-là. J'en fais juste l'étonnante constatation. Cette synchronicité me trouble. Hasard ou petit clin d'œil de papa ? Évidemment, je me pose la question. Je me demande toujours s'il m'observe et s'il est fier de moi. Je choisis d'y croire et de l'imaginer auprès de moi. C'est plus rassurant et moins difficile à vivre. En tout cas, aujourd'hui, ça me fait du bien d'aborder ce sujet avec vous et de lui redonner vie à travers mes mots. Je parle, c'est vrai, de sa mort, mais je veux être positive, exprimer tout ce qu'il m'a apporté, et à quel point il est ma bonne étoile.

Nous sommes le dimanche 28 septembre 2014. Il fait beau et une légère fraîcheur automnale commence à nous chatouiller le bout du nez. Un temps parfait pour une balade ! Réveillés assez tôt par notre petit garçon de 3 ans, mon compagnon et moi décidons d'aller nous promener dans un parc avec des amis. C'est un moment très agréable, un beau dimanche en famille comme on les aime. Je me souviens de la sensation de bien-être que je ressens ce jour-là. Je respire l'air frais avec un sentiment de plénitude, et je m'en

ÇA Y EST !
MA CHAÎNE A DÉPASSÉ LE MILLION D'ABONNÉS ! JE SUIS TELLEMENT FIÈRE !
MOI AUSSI.
OUIII !
Pd RDV MÉDECIN
06-78-99-57 MAM TOM
RESERVER TRAIN
- pain - lait - céréales - jus
Nouvelle vidéo ?
- compta mois
IDÉES - Ado - enfant malade - couple

fais même la réflexion. Cela fait longtemps que je n'ai pas éprouvé ça. Le calme avant la tempête sûrement.

De retour à la maison, après un repas familial, nous prenons un temps calme, allongés dans le canapé devant *La Belle et le Clochard*, le fameux dessin animé de mon enfance. Après tout, le dernier jour de la semaine est aussi fait pour se reposer ! Je suis contente de faire découvrir ce film culte à Hugo. Thomas s'endort. Au moment d'arriver au passage mythique, la scène romantique du spaghetti, mon téléphone sonne. Je décroche et j'entends la voix de mon frère aîné au bout du fil. Il y a quelque chose d'anormal. Cela n'est pas dans ses habitudes de m'appeler à cette heure-là, lui qui téléphone déjà si peu. Sa voix est terne et sèche. Je comprends qu'il s'est passé quelque chose de grave. En un instant j'ai très peur pour sa femme et ses enfants. Je ne peux pas imaginer qu'il s'agisse de notre père, lui qui paraît si invulnérable.

Papa est très actif, voire hyperactif, et je vous assure que ce n'est pas exagéré. Vétérinaire à la retraite depuis huit mois, il occupe son temps entre ses projets immobiliers, les travaux de sa maison, ses voyages et ses activités sportives intensives. Il pratique le tennis et la plongée. Compétiteur, il aime monter dans le classement des tournois de tennis qu'il enchaîne. Il affronte des petits jeunots, rien ne lui fait peur. Sacré papa ! Il est également fier d'avoir réussi à surmonter sa peur de l'eau qui le terrorise depuis qu'il est petit, en passant avec succès le niveau 3 de plongée. Il est rarement fatigué. Son énergie est impressionnante. Quand je suis en voiture avec lui et que nous arrivons devant le portail de la maison, j'ai toujours la flemme de me lever pour l'ouvrir.

C'est lui qui le fait alors que je suis sa passagère. J'ai toujours culpabilisé de cela. La fainéantise, il ne connaît pas ! Avec autant d'activités, je l'imagine vivre vieux.

Au téléphone, mon frère reste silencieux. La seule chose qui me vient à l'esprit est de lui demander si ça va. Il répond d'un ton sec et ferme « non ». Et puis il enchaîne :

« Papa a eu un accident. Un accident de plongée.

– Mais où est-il ? Je peux le voir ? Dans quel hôpital est-il ? »

En fait, avec le recul, je pense que, ne souhaitant pas admettre l'inacceptable, l'inconcevable, j'ai contourné la question. Mais de façon très abrupte mon frère répond : « Il est mort. »

Je sais que c'est ridicule, mais, ne voulant pas le croire, j'espère que c'est une blague. Je lui demande à plusieurs reprises si c'en est une, ce qui le met en colère.

« Mais crois-tu que ce soit le genre de plaisanteries que je te ferais ? Tu me prends vraiment pour un con ? T'es bête ou quoi ? »

Tout devient flou. Je sais que je me suis levée du canapé pour sortir dans mon jardin, ne trouvant plus d'air pour respirer à l'intérieur. Je crie : « Pas lui ! Pas mon papa ! Pas lui ! »

Mes hurlements de désespoir réveillent Thomas. Je ne sais plus trop comment mon frère raccroche ni ce que l'on se dit après. Le sol s'écroule sous mes pieds. Tout tourne. Thomas, abasourdi et choqué par cette annonce si violente, appelle ses proches... Moi, je hurle ma tristesse, recroquevillée sur le sol.

Les heures, les jours, les semaines et les mois qui suivent sont pires qu'un cauchemar. Je suis envahie d'innombrables émotions différentes. Par exemple, le sentiment d'injustice de n'avoir pas pu lui dire au revoir, ou la rage parce que sa prise en charge en réanimation a été vaine. Au tout début, le choc me plonge dans un état de sidération. Je suis comme anesthésiée. Dans ces cas-là, la douleur est tellement intolérable que le cerveau nous protège en nous injectant des anesthésiants naturels. La nature est quand même bien faite! Et puis, le processus de deuil s'enclenche. Il y a le déni, la colère, la négociation (cette volonté irrationnelle de ramener l'être perdu à la vie), la dépression, et, bien plus tard, l'acceptation. Mais pour atteindre cette dernière étape, celle de la reconstruction, je dois trouver la voie de la guérison.

Je reste plusieurs semaines assise dans mon canapé, anéantie de chagrin, comme tétanisée. Je ne suis plus qu'une loque humaine. Je suis comme éteinte. Au fond de moi, j'ai envie de m'en sortir, de retrouver le sourire, de retrouver l'Angélique positive et pétillante que j'étais. Il le faut pour moi, pour mon couple, et pour mon fils qui mérite d'avoir une maman souriante et épanouie. J'arrive à sourire physiquement, mais pas avec le cœur. Je ne ressens plus le plaisir ni la joie. Ce n'est plus vivable, alors «je creuse».

Je vais chercher au plus profond de moi ce qui peut me redonner goût à la vie. Pendant ce temps d'introspection, un message revient fréquemment à moi: « N'oublie jamais tes rêves d'enfant.» Je tombe dessus dans une émission de télévision, puis dans un sachet de bonbons, et en ramassant un petit papier par terre. Je me dis que c'est peut-être un signe. Si ce n'est pas une manifestation de mon père, c'est sûrement ma petite voix intérieure qui me guide. De plus, notre instinct nous dirige vers ce qui est bon pour nous. Petit à petit, des souvenirs reviennent à ma conscience. Je me rappelle mes belles années de primaire et de collège, durant lesquelles j'étais animée par la passion de l'écriture et du théâtre. Je m'amusais à écrire des poèmes, à raconter des histoires et des sketches. Le matin, avec les copains, avant la sonnerie qui marquait le début des cours, on s'amusait à faire de l'improvisation dans la peau d'un humoriste de *one-man-show*. Ces moments restent gravés dans ma mémoire comme des passages doux et agréables de mon existence. J'étais juste moi, sans faux-semblants, bercée par l'innocence de ma jeunesse et de ce qui me faisait vibrer. Malheureusement, en grandissant, je me suis peu à peu éloignée de mes rêves.

Je pense, avec le recul, qu'il y avait peut-être un conflit intérieur inconscient de l'ordre de l'Œdipe.

En effet, ma mère avait une personnalité créative, dotée d'une fibre artistique et d'une grande imagination, alors que mon père était un scientifique pragmatique qui gardait la tête sur les épaules. Je pense que leur amour reposait sur une forte attirance physique, accompagnée d'une parfaite complémentarité. Quant à moi, j'ai hérité d'un intéressant mélange de ces traits de caractère. Quand ils ont divorcé, en tant que « fifille » à papa, j'ai pris parti pour mon père *– je suis un peu dure avec moi-même, mais il faut reconnaître que ma mère n'a pas toujours été exemplaire.* Ce n'est pas le propos de ce livre, mais la procédure de divorce a été très longue et éprouvante. Compte tenu des difficultés que je rencontrais avec ma maman au quotidien, mon père s'est battu pour avoir ma garde intégrale et l'a obtenue. Il est devenu mon héros, mon sauveur. À partir de ce moment-là, par je ne sais quel processus inconscient, je me suis imposé une ligne de conduite : celle de ne jamais le décevoir, comme si j'étais désormais redevable d'une dette envers lui. Pourtant, mon père, ni par son comportement ni par ses mots, ne me l'a jamais fait ressentir. Je me suis mis en tête, seule, qu'il fallait que j'étouffe en moi tout ce qui pouvait faire penser à ma mère, pour ne garder que les vertus dignes du comportement noble de mon père telles que le pragmatisme et le don pour l'analyse scientifique. Je vais peut-être un peu loin, mais cela expliquerait pourquoi j'ai arrêté d'écrire : peut-être pour laisser place à une orientation plus scientifique et terre à terre ?

Quand mon père décède, tout se mélange dans ma tête. Cet événement provoque chez moi une crise existentielle. Passer au crible ma vie entière n'est pas simple. Beaucoup de choses remontent à la surface et me remuent profondément, me bousculent, me tourmentent. Mais pour survivre à ce traumatisme je dois passer par là. Je dois me retrouver.

Le déclic a lieu chez mon amie Eva. Me sentant en détresse, elle me propose de passer le week-end chez elle à Paris. J'accepte son invitation car, de toute façon, dénuée de tout sentiment, je ne ressens aucune envie particulière. Hugo m'accompagne. Il jouera avec sa fille Ania, du même âge. Pour ma part, c'est comme si je changeais juste de canapé, le regard toujours aussi perdu. Eva me parle, j'entends sans trop écouter, et je mange sans grande conviction, vidée de toute mon énergie. Mon amie a trois filles : Ania, 4 ans ; Camille, une jeune étudiante qui vit déjà seule, et Élodie, 12 ans, une vraie préadolescente. J'entends cette dernière rigoler devant son téléphone, sans trop y faire attention. C'est un peu comme si j'étais perdue dans le brouillard, et que les bruits environnants étaient étouffés. Mais la préado en a décidé autrement. Elle souhaite me faire partager son divertissement, et insiste : « Regarde, Angélique, il faut que tu voies ces vidéos ! Elles sont trop drôles ! »

J'ai beau simuler la surdité ou l'absence totale de connexion neuronale, elle s'en fiche, elle ne me lâche pas, si bien que je finis par jeter un coup d'œil à son écran. *C'est qu'ils sont tenaces, ces prépubères !*

Et là, je découvre… les youtubeurs !

Cela fait plusieurs années que YouTube a été lancé mais, comme j'ai toujours un train de retard avec les réseaux sociaux, je ne m'y suis jamais intéressée. *Oui, oui, je parle bien de moi ! L'« Angie à un million d'abonnés », considérée aujourd'hui comme une spécialiste du digital. Comme quoi, tout s'apprend et se construit.* Dans mon esprit, les vidéos sont davantage destinées aux jeunes ados boutonneux qu'à une maman trentenaire. Mais ce jour-là, avec Élodie, je prends plaisir à regarder les podcasts humoristiques de Norman, du Rire Jaune, de Natoo ou de Cyprien. Je ne sais comment expliquer ce qu'il se passe dans ma tête, mais il ne me faut pas 3 minutes pour qu'une étincelle d'inspiration explose. Et si

PETIT HISTORIQUE YouTube

23 AVRIL 2005
Première vidéo mise en ligne sur YouTube par Jawed Karim, l'un des cofondateurs du service de partage de vidéos.

OCTOBRE 2006
Rachat de YouTube par Google pour 1,65 milliard de dollars.

3 MAI 2007
YouTube lance son Programme Partenaire.

2012
Première vidéo à atteindre le milliard de vues en Corée.

2014
YouTube se lance dans le streaming musical.

2016
1er youtubeur français à avoir atteint les 10 millions d'abonnés : Cyprien.

AUJOURD'HUI, YOUTUBE C'EST :
2 milliards d'utilisateurs chaque mois dans le monde | 80 000 vidéos vues toutes les secondes | 720 000 heures de vidéo ajoutées par jour.

je venais enfin de trouver le support pour exorciser ma souffrance ? Je me projette tout de suite dans des scénarios de sketches sur la maternité ! Ce sujet gai, qui me concerne et me permettrait d'exprimer ma créativité, est une évidence. Parler des enfants et de mon rôle de maman ramènerait un peu de vie dans cet état d'esprit funèbre dans lequel je m'enterre. Avec ce nouveau projet, je retrouve un but, quelque chose qui m'occupe l'esprit, un élan qui me pousse vers l'avant. *Vous savez, cette petite étincelle !*

Nous sommes en décembre, et Noël approche. J'attends avec impatience de recevoir un peu d'argent de la famille pour courir m'acheter un Caméscope et me livrer au nouvel exercice des vidéos YouTube. Un nouveau challenge se présente à moi, et cela est extrêmement motivant. Je passe plusieurs nuits et week-ends à écumer les tutoriels YouTube sur la création des chaînes, les différentes stratégies de développement, les codes du milieu, les partenariats et les sources de financement, afin d'avoir toutes les cordes à mon arc pour commencer. Quand un sujet m'intéresse je recueille d'abord un maximum d'informations, pour mieux l'appréhender et le maîtriser ensuite.

C'est dans la soirée du jour de l'An 2014, pendant que Hugo et son papa dorment *– il y avait de l'ambiance ! –*, que j'enregistre ma première vidéo : *La Grossesse c'est difficile !* J'ai acheté une caméra bas de gamme, sans possibilité de branchement de micro externe. C'est très artisanal, d'autant que je n'ai aucune notion de montage. Je passerai, plus tard, sur un logiciel professionnel, mais j'utilise tout d'abord celui proposé par mon ordinateur, très basique : il faut bien démarrer ! Ce n'est cependant pas cette vidéo que je posterai en premier. Dans les jours qui suivent, c'est avec mon fils scolarisé en petite section de maternelle – mais en vacances – que je capture quelques moments rigolos sur les *Questions embarrassantes et mots d'enfants*. Plus court à monter, cet épisode est le premier à être prêt. Très impatiente de voir la réaction du public, je n'attends pas pour le publier. Mon intention n'est ni de rechercher une quelconque reconnaissance ni d'atteindre une certaine notoriété, mais réellement de partager des instants de vie positifs, à travers des sketches. Mon objectif premier est le partage et l'échange. Le lien que je crée avec les spectateurs me fait du bien. Ces vidéos sont pour moi une véritable thérapie personnelle, dans mon processus de deuil. On n'oublie jamais la perte d'un être cher, mais on apprend à vivre avec grâce à ce que l'on construit et aux ressources que l'on mobilise. YouTube me redonne l'envie d'avoir des projets, et de reprendre le contrôle de ma vie. YouTube me sort de la dépression. D'ailleurs, ce n'est pas par hasard que, au début, j'intitule ma chaîne Angélique Marquise des Langes, en référence au film *Angélique, marquise des Anges*, le chef-d'œuvre cinématographique qui a inspiré à mon père le choix de mon prénom. *Papa, tu es ma bonne étoile !*

Mais le plus important, le plus indispensable, ce qui détermine vraiment nos choix, nous pousse à aller plus loin, nous oriente, nous guide, nous transporte, nous aide, nous élève, ce qui transcende n'importe quel événement, ce sont avant tout les personnes qui croisent notre chemin. Ces êtres qui nous accompagnent et deviennent essentiels, le temps d'une journée ou de toute une vie.

LES 5 RENCONTRES QUI ONT ÉTÉ DÉTERMINANTES POUR MOI

Un parcours de vie se construit à partir des rencontres que l'on fait. Je crois sincèrement que ce qui est primordial dans l'existence, c'est l'expérience, entre soi et les autres.

1 ➲ THOMAS, LE PÈRE DE MON FILS HUGO

Même si nous ne sommes plus ensemble aujourd'hui, je dois ma considération à Thomas, qui demeure une personne importante à mes yeux. Il est non seulement le père de mon fils, mais également un homme à qui je porte un amour fraternel. Thomas est un père investi, et reste quelqu'un sur qui je peux compter. Au moment de la création de ma chaîne, il est encore mon compagnon et son soutien m'est plus qu'indispensable. Il partage ma vie, et ce projet l'implique lui aussi. Je filme dans l'enceinte de la maison, et, quand j'ai besoin de mettre en scène un couple, il n'hésite pas à jouer son rôle de père et de mari. Il m'épaule beaucoup en cette période décisive. C'est parce qu'il est à mes côtés, et qu'il m'encourage dans mes projets, que je peux me libérer du temps pour YouTube et prendre des risques, notamment en quittant mon emploi de conseillère conjugale et familiale à l'hôpital, afin de me consacrer à cette nouvelle activité. Il faut dire que notre rencontre était presque prédestinée.

J'ai 8 ans et lui 13. C'est un bel été dans le Verdon. Ma maman comédienne a décroché un petit rôle dans un téléfilm d'auteur, et m'a emmenée avec elle sur les trois semaines de tournage. Parmi les rôles principaux, il y a un jeune pianiste du conservatoire qui donne la réplique à Rüdiger Vogler et Micheline Presle. Je passe mes journées à observer les jeux d'acteur, et à rêver de ce jeune artiste que je trouve plein de talent. Entre les scènes, pendant les pauses, on joue ensemble dans les couloirs de l'hôtel où nous sommes logés par la production. Je ressens un petit pincement au cœur quand il me joue des morceaux de piano avec une délicatesse qui lui est propre. Mon petit monde tout rose sera un peu bouleversé quand une jeune demoiselle de son âge s'immiscera entre nous et me volera le premier baiser. Cinq ans d'écart, à cet âge-là, c'est beaucoup. Alors que Thomas est en âge de découvrir ses premières étreintes, je suis encore loin d'expérimenter le bisou sur la bouche, et encore moins avec la langue – beurk ! Pour moi c'est inenvisageable, jamais je ne ferai ça ! Je l'ai même parié avec ma mère. *Autant vous dire que j'ai perdu depuis bien longtemps !* Avec Thomas, on se dit au revoir à la fin de l'été, en pensant qu'on ne se reverra jamais. *Sauf qu'avec Facebook, on fait des miracles !*

C'est un 17 avril, le soir de mon anniversaire. Je suis allongée dans mon lit et je fais le bilan de ma vie pour essayer d'aller de l'avant : après plus d'un an de chômage, cela commence à me peser. Je repense à Thomas. Je me demande ce qu'il devient, s'il a poursuivi dans la comédie. Piquée par la curiosité, je recherche son nom de famille sur le casting du film, ce qui me permet de retrouver sur Facebook un profil qui semble lui correspondre. Un peu comme dans un film, je lui adresse un message, empreint de nostalgie et de souvenirs, en espérant ne pas faire erreur sur la personne. Dès le lendemain, j'ai une réponse : c'est bien lui ! *Réactif le Thomas !*

Je ne suis plus la petite fille aux dents de lait qu'on tenait par la main, je suis devenue une jeune femme dont « le book photo en jette un peu quand même » – enfin ça, c'est la version de Thomas pour raconter nos retrouvailles ! Le mélomane joue toutes ses cartouches pour reconquérir la douce esseulée : week-end avec la famille – pour se rappeler à notre bon souvenir –, visite guidée de la ville de Lyon, délicieux bouchon lyonnais, et morceau envoûtant de Debussy… La totale ! Son excellente oreille s'est affinée et son toucher enchanteur s'est aiguisé. Le charme opère. Je n'ai plus rien à envier à celle qui m'a dérobé le premier baiser. Je ferai même mieux en faisant découvrir, pour la toute première fois, la paternité à Thomas. *Et na !*

Notre histoire a commencé sous les projecteurs et se poursuit dans la lumière, sauf que cette fois nous créons notre propre studio de tournage.

Tout cela pour dire que la réussite d'un projet repose aussi énormément sur le soutien et l'implication de l'entourage. Thomas s'est intégré pleinement, et le trio que nous formions avec notre fils Hugo était si criant de vérité qu'il a touché des milliers de parents et d'enfants. Il ne faut pas non plus négliger l'aspect financier : si Thomas n'avait pas eu un travail stable et un peu d'argent de côté, je n'aurais pas pu entreprendre ce qui est, encore aujourd'hui, un rêve. Cette histoire d'entreprise est avant tout une histoire de famille, une histoire d'amour.

2 ➲ MON AMIE EVA

Il y a des personnes très différentes de nous avec lesquelles on se sent tout de suite connecté. Présentes à des moments clés de notre vie, ces personnes ont un impact déterminant dans les étapes de notre évolution : c'est le cas de mon amie Eva. Cette amitié est venue frapper à ma porte sans crier gare. Plus que des chemins, ce sont nos destins qui se sont croisés. Et quand je suis arrivée devant la porte de YouTube, c'est elle qui m'a donné l'impulsion.

Comme je l'ai évoqué dans le chapitre sur ma grossesse, avec Eva nous nous croisons d'abord virtuellement sur un forum. Nous échangeons avec plusieurs autres futures mamans sur nos peurs, nos doutes, nos craintes, mais aussi nos joies. Ça fait du bien de se sentir comprise par des femmes vivant les mêmes chamboulements hormonaux. Ces échanges épistolaires durent plusieurs années avant qu'une rencontre ait lieu. Nous ne sommes que quelques-unes à réussir à nous libérer pour enfin franchir le passage dans le réel. Au départ, c'est bizarre, car même si nous nous sommes vues en photo et que nous en savons beaucoup sur nos vies personnelles respectives, j'ai l'impression d'être face à des inconnues. Toutefois, cette journée me révèle l'affinité particulière qu'il y a entre Eva et moi. À l'issue de cette entrevue, nous passons aux échanges téléphoniques et privés faisant éclore une nouvelle relation. Mais ce qui, je pense, joue comme un catalyseur dans notre rapprochement, ce sont les décès de nos papas à quelques semaines d'intervalle. Ces événements concomitants ouvrent la brèche de l'intimité au creux de laquelle peut naître une amitié plus forte et plus profonde. Nous nous comprenons mieux que personne, puisque nous vivons la même chose au même moment. Il s'avère, avec le temps, qu'Eva a toujours un rôle déterminant lors de la naissance de mes projets. Pour YouTube, le déclic se produit non seulement dans son appartement de la banlieue parisienne, mais en plus, c'est elle qui m'accompagne dans toutes les étapes de la création. C'est elle aussi qui, après un long brainstorming, trouve le premier nom de ma chaîne, Angélique Marquise des Langes.

C'est très étrange d'ailleurs que ce soit elle qui trouve cette idée, ce jeu de mots étant lié au choix de mon prénom par mon papa, ce qu'elle ignorait. C'est comme si quelque chose nous rapprochait. Eva, architecte de métier, s'occupe de l'aspect graphique de la chaîne. Quand je démarre, elle est ma première spectatrice ; et elle devient, un peu plus tard, ma première fan ! Elle m'épate par sa fidélité et sa régularité. Eva ne manque aucune vidéo en cinq ans ! Moi-même, je ne suis pas toujours devant ma chaîne au moment de la sortie d'un épisode de la série ! Eva, c'est un peu mon ange gardien. Sans son existence, son aide et son impulsion, aurais-je un jour réussi à vivre cette aventure YouTube ? Sûrement pas !

3 ➲ MICKAËL, DE STUDIO BUBBLE TEA

Une fois que l'on a construit une identité claire et définie sur YouTube, il convient de faire parler de son travail pour qu'il soit vu. Comme je ne suis pas dans une optique de réussite ni à la recherche de notoriété, je n'établis aucune stratégie. Je suis mes envies et mon inspiration sans me poser de questions. J'écris à plusieurs youtubeurs que j'apprécie, dans l'intention de partager un moment de créativité avec eux et non pas pour utiliser leur notoriété. Bien sûr, on ne me répond pas. C'est un peu la loi de YouTube. Quand tu ne les connais pas personnellement, et que tu n'es pas à un niveau plus ou moins égal d'abonnés, il est très difficile d'atteindre ceux que tu suis. Je suis tellement naïve que je pensais qu'en regardant mon contenu, l'un d'eux allait me repérer. Mais je comprends que le monde de l'influence n'est pas celui des Bisounours. C'est par l'intermédiaire d'une amie que je vais faire la rencontre qui va propulser ma chaîne.

Je rencontre Virginie lors d'un casting pour une émission de télé quand nous avons environ 25 ans. On doit être cinquante à attendre son tour pour passer sur scène, dans une petite salle où règne un silence religieux. Les filles se toisent d'un air hautain, signe affiché d'une rude concurrence. N'étant pas du tout dans un tel esprit de compétition, je ne me sens pas tellement à ma place. Je réponds à leurs regards assassins avec mes petits yeux doux, comme ceux d'un agneau. Je passe peut-être pour une imbécile, mais je préfère encore avoir l'air bête que ressembler à quelqu'un d'arrogant… Heureusement, mon regard désespéré croise celui de Virginie, une jolie blonde aux grands yeux bleus et au sourire rassurant. Volubile, elle rit et parle à tout le monde sans retenue, ce qui détend l'atmosphère. *L'authenticité, le naturel, c'est tout Virginie, et c'est pour cela qu'on l'aime*. Ses interlocutrices étant cependant peu réceptives, dans un élan de solidarité, et aussi pour rompre cette ambiance

« plombante », je me joins à son monologue et nous rions sans gêne, sous les yeux blasés des corps sans âme qui nous entourent. Une amitié naît ce jour-là.

Quand je crée ma chaîne, Virginie, comédienne professionnelle inspirée par la liberté créative de YouTube, conçoit également la sienne, sur un thème qui lui est cher, la cuisine. Virginie fait sa cuisine atteint aujourd'hui plus de 200 000 abonnés. Virginie reçoit même le prix de la créatrice étant allée le plus souvent au YouTube Space, le studio de production et de formation des youtubeurs de Google. C'est fou tout ce qu'on vit depuis, ensemble ! Des événements, des workshops, des soirées, des voyages : des moments de partage indélébiles ! Vivre cette aventure à deux est absolument incroyable ! On se refile les bons tuyaux, les contacts et les bons plans. On traverse les moments magiques comme les plus durs. On filme des moments d'anthologie comme cet *unboxing*[2] délirant : une dégustation japonaise au cours de laquelle on tentait de percer ce qui nous semblait une boisson exotique pour la goûter, alors qu'il s'agissait d'un objet à collectionner ! Quel fou rire ! Et quand un coup de mou s'abat sur l'une de nous, on trouve toujours une écoute compréhensive de la part de l'autre. C'est une force !

Virginie me parle du meilleur ami de son petit copain. Il tient lui aussi une chaîne famille qui rencontre un grand succès. J'avoue qu'après m'être pris pas mal de vents je ne cherche pas à entrer en contact avec lui. Sa chaîne Studio Bubble Tea

2. Unboxing : *anglicisme qui désigne une vidéo dans laquelle une personne se filme en train de déballer un produit qu'elle vient d'acheter.*

a repris le concept de l'*unboxing*, né aux États-Unis, dont le principe repose sur le déballage de boîtes de jouets par des enfants seuls, devant l'écran. Les deux petites filles, Kalys et Athéna, accompagnées par leur papa qui filme, découvrent de nouveaux jouets, montrent le *gameplay* et rapportent des millions de vues. Ce phénomène fait fureur, si bien que de nombreux autres créateurs se lancent dans ce créneau comme Swan The Voice ou Démo Jouets. Ces vidéos sont souvent décriées par des détracteurs qui dénoncent avec ferveur l'exploitation des enfants. Je n'ai aucune envie de lancer un débat sur le sujet, mais juste de vous présenter le paysage audiovisuel du domaine de la famille sur YouTube en 2016.

De mon côté, je propose un contenu d'un nouveau genre. Surfer sur les tendances ne m'intéresse pas. Je veux raconter mes propres histoires, jouer la comédie et, surtout, faire rire et dédramatiser. Je présente une véritable websérie familiale, jamais vue sur YouTube. Je ne suis donc pas sur le même créneau que Studio Bubble Tea. En revanche, nous avons la même cible, et c'est ce qui permet la réalisation d'un buzz assez époustouflant lorsqu'il communique sur ma chaîne. Évidemment, rien n'est planifié et, quand tout cela se produit, je n'ai pas conscience du caractère exceptionnel de cette effervescence. Voici comment tout se déroule.

J'ai la chance d'être invitée dans l'émission *Toute une histoire*, présentée par Sophie Davant, en tant qu'experte en conseil conjugal et familial et spécialiste du contenu parental, dans le but de débattre autour du *baby blues*. Pour l'occasion, j'ai même réalisé une petite vidéo sur le sujet, intitulée *Le Baby blues ! – Angie la Crazy Série*, que France 2 diffuse pendant le programme, pour introduire la thématique du jour. *Jolie publicité pour moi, qui sera sûrement le catalyseur de toute la suite !*

Mickaël, de la chaîne Studio Bubble Tea, est spectateur de l'émission ce jour-là. Il est interpellé par mon profil. Sans doute par curiosité et, au départ, dans une optique de veille concurrentielle, il va faire un tour sur ma chaîne et il est séduit par mon travail. Le mot est peut-être fort mais, selon ce qu'il m'en dit ensuite, ça a vraiment l'air de lui avoir plu ! Toujours est-il qu'il fait la démarche de demander mes coordonnées à Virginie. Ainsi, quelques jours après l'émission, il me passe un coup de fil. Wouah ! Ça y est, un grand youtubeur m'a repérée ! Et pas n'importe lequel, un papa qui a près de 300 000 abonnés ! La « classe internationale » pour une petite créatrice comme moi, suivie par seulement 5 000 personnes ! Comme quoi, « Bisounours Land » existe vraiment ! Au téléphone, il me congratule pour mon intervention dans l'émission, et me félicite pour ma série humoristique. Il me lance alors, peut-être comme ça, sans grande conviction, que je n'ai qu'à le contacter si je souhaite collaborer avec lui. Évidemment, sur l'instant, j'ai envie de sauter de joie et de répondre favorablement, sans hésiter, mais, ne voulant pas passer pour une opportuniste « hystérico-impulsive », je préfère répondre : « Oui, OK, pas de problème ! » *Mais quelle naze ! Je n'ai jamais eu de repartie de toute façon !*

Après cette opportunité de dingue, ratée, j'attends quelques semaines avant de le rappeler, histoire de ne pas avoir l'air de lui sauter dessus (sans mauvais jeu de mots, je suis en couple…). Il faut dire aussi que j'ai besoin de temps pour penser à un partenariat cohérent et qualitatif. Je veux revenir à lui avec une proposition intéressante en termes de contenu, autant pour lui que pour moi. Hugo, qui regarde Studio Bubble Tea, me tanne pour les rencontrer. Et l'occasion idéale se présente finalement avec le Salon Baby de Paris. Mickaël peut tourner un vlog – ou vidéoblogue – dans son format habituel (c'est un mini-reportage spontané à vocation de carnet, de journal de bord ou d'agenda posté sur les réseaux sociaux sous forme de vidéo) ; et moi, je peux profiter de cette rencontre pour capturer des images destinées au prochain épisode de ma série sur le thème de… *ta dam !… roulement de tambour…* l'amour ! L'amour, ce thème universel et fédérateur que je n'ai pas encore traité sur ma chaîne ! L'occasion est parfaite ! Le synopsis imaginé : un coup de foudre entre Hugo et Kalys, lors de leur rencontre au Salon Baby, et la jalousie de maman face au désintérêt soudain de son fils pour elle. L'idée convainc tout de suite Mickaël !

La journée se déroule vraiment très bien. Chacun filme ce qui était prévu et, de retour à la maison, s'occupe de son propre montage. Le principe en général est que chacun crée sa vidéo, en y mettant sa patte habituelle, puis la publie sur sa propre chaîne en même temps que l'autre. C'est en tout cas le fonctionnement le plus productif, car les deux parties font référence à la vidéo de l'autre au même moment, avec des contenus complémentaires. Il y a un très bel exemple : celui d'Andy Raconte avec Manu, de Lollywood, à l'occasion de la Saint-Valentin. Ils ont tourné les différents points de vue d'un premier rendez-vous amoureux. Manu a posté le regard masculin sur sa chaîne et Andy, la vision féminine sur la sienne. Ces vidéos ont atteint 9 et 11 millions de vues !

Et pour Mickaël et moi, ça marche aussi ! Quelques minutes après la publication des vidéos, mon téléphone commence à sonner sans interruption. Sincèrement, je crois qu'il devient fou. Mais il s'agit des notifications ! Le nombre d'abonnés monte à vue d'œil, comme tournerait l'aiguille d'une horloge en accéléré, les commentaires fusent et les vues explosent, sur l'ensemble de mes vidéos ! La communauté de Studio Bubble Tea adore non seulement les vidéos communes, mais s'empresse d'aller voir les cinquante autres que j'ai postées pendant un an ! Certaines atteignent rapidement le million, c'est complètement dingue ! En seulement quelques jours, j'approche déjà des 10 000 abonnés. Pensant que l'engouement va finir par se calmer, je prépare tranquillement ma vidéo suivante quand je fais un saut vers les 20 000 abonnés. L'excitation est à son comble, je ne comprends pas encore ce qu'il est en train de m'arriver. Trois semaines plus tard, j'atteins les 50 000 abonnés. Jamais je n'aurais pensé en arriver là ! Tout est allé si vite que je n'ai pas eu le temps de réagir ! Pour tenter de m'adapter à la demande de contenu, je crée un nouveau format de vlog hebdomadaire. Celui-ci va aussi me permettre de faire des voyages et de tester des activités de loisirs. Une nouvelle vie commence ! *Merci Mickaël, merci à ma bonne étoile !*

En réalité, la chance n'est pas la principale responsable de cette insolente réussite. Il y a eu un an de travail régulier et de persévérance avant d'arriver à ce résultat. Ce que je ne sais pas à l'époque c'est qu'un tel buzz est extrêmement rare. J'organiserai moi-même, par la suite, des partenariats dans le but de faire découvrir d'autres talents, mais aucun ne drainera autant de nouveaux abonnés, aussi rapidement. Que s'est-il donc passé ? La cible de Studio Bubble Tea a adoré le nouveau concept innovant de vidéos que je proposais, et une fois la première visualisée, elle est allée piocher dans mes différentes playlists, faisant ainsi augmenter exponentiellement le nombre de vues de l'ensemble de la chaîne. Cette collaboration arrive au bon moment. J'ai déjà construit une identité visuelle et un format créatif de vidéos original. J'ai également un rendez-vous clairement annoncé et respecté : tous les jeudis à 17 heures. La régularité est très importante pour s'insérer dans l'algorithme de YouTube. Elle l'est aussi pour les abonnés à qui l'on donne rendez-vous. Cela crée une attente, en même temps qu'une habitude. Sans en avoir conscience j'ai scrupuleusement préparé ce partenariat, car tout partenariat s'organise et se planifie. Moi qui visais les mamans au départ, je me retrouve avec un nouveau public qui a des demandes spécifiques : les enfants.

4 ➲ MON PUBLIC ET MES PARTENAIRES

Quand je démarre ma chaîne, plutôt que de me contenter de rester dans mon salon derrière ma caméra, je choisis d'aller à la rencontre des gens, des marques et de potentiels partenaires, sur le terrain. Je sélectionne les salons sur le thème de la maternité, et je me déplace partout en France. Je vais de stand en stand pour présenter ce que je fais et distribuer mes cartes de visite. Petit à petit, je me fais une réputation dans le milieu. Je crois bien qu'à force de faire le pitre avec ma caméra, on m'a attribué le rôle de celle qui anime les événements. Mais ça a du bon ! Malgré le peu d'abonnés, les marques commencent à me solliciter pour la création de contenus publicitaires, via mes vidéos humoristiques. Évidemment, elles ne me rémunèrent pas pour ma petite communauté, mais plutôt pour avoir une « vitrine » qui sort de l'ordinaire. On me paie donc pour mon originalité. Je peux nommer mes premiers sponsors : le laboratoire France Bébé Nutrition, qui a sorti une boisson lactée et vitaminée pour futures mamans, et Sevira Kids, avec ses produits de puériculture innovants tels que les gigoteuses.

Sur ces événements, j'échange avec beaucoup de monde, et principalement des parents. Nous parlons des aléas du quotidien d'un père ou d'une mère, ce qui nourrit mon inspiration pour alimenter mes vidéos. Parmi ces parents se trouvent mes premiers abonnés, devenus désormais presque des amis. Ce sont eux qui me rappellent chaque jour pour quelle raison j'ai créé ma chaîne, et quelles sont mes valeurs. Si je m'éloigne de ma trajectoire, ils sont là pour me remettre sur le droit chemin. Je parle notamment des fois où je me suis écartée de mes formats habituels de vidéo, et où j'ai perdu mon fil rouge. Il m'est arrivé, par exemple, de produire successivement trop de vidéos sponsorisées, dénaturant le caractère authentique de mon contenu. Parfois, emportée par une émulation, je ne me rends pas compte. C'est à ce moment-là que les spectateurs, les amis, les partenaires et tous ceux qui ont un regard sur mon travail ont un rôle à jouer. Je dois savoir les écouter et me remettre en question. L'histoire d'Angie Maman ne se réduit donc pas au virtuel. Elle a commencé par de vraies rencontres, de vrais échanges, de véritables amitiés. Cette histoire s'inscrit dans le réel et transpire de vérité.

Dès mes premières vidéos, je reçois des messages troublants. Une fois, une jeune maman m'a remerciée pour mes vidéos pleines de vie et de joie, car elles lui permettaient de surmonter le deuil de sa mère décédée peu de temps avant. Il y a eu aussi la gratitude d'un jeune homme dont le père avait également disparu. Étrange coïncidence avec mon propre vécu ! Et pourtant, je n'ai jamais parlé de la perte de mon père sur les réseaux *– j'ai fini par aborder le sujet quelques années après*. Le sujet étant resté sensible pendant très longtemps, je ne voulais pas entacher sa mémoire en suscitant de la pitié auprès de mon public. Je souhaite véhiculer un message positif et rempli d'espoir. Apparemment, cela fonctionne. Ces vidéos, qui m'aident à surmonter mon propre deuil, accompagnent également celui des autres ! Il semble que quelque chose passe à travers les écrans. Cela me fait comprendre que je suis sur la bonne voie.

J'ai plusieurs abonnés très fidèles avec lesquels je discute régulièrement sur les réseaux sociaux. Je me suis véritablement attachée à ces personnes. On se confie sur nos vies respectives, et un lien fort nous unit. Je pense notamment à Kassandra, une jeune fille de 18 ans que j'affectionne particulièrement. Je remercie tous ces abonnés pour tout l'amour qu'ils m'envoient chaque jour – car je vous assure que, même si cela reste virtuel la plupart du temps, c'est une forme d'amour. Je reçois des mots doux tous les jours et, même si je ne peux tous les lire, ils me touchent énormément.

YouTube est avant tout une aventure humaine.

*Lina D******
« Je t'aime trop Angie. »

*Laura D****
« J'adore ce que tu fais, continue comme ça et bonjour à toi et Hugo. »

*Romain C*******
« Vous êtes des perles tous les trois, vous m'avez donné le smile tout du long, trop adorables ! »

*Kassandra B*******
« En vrai oui je te suis depuis super longtemps parce que j'adore ce que tu fais et voir le résultat de ton travail, et tu es proche de nous tes abonnés et ça, c'est bien. Tu es là parce que tu aimes ça et ça se voit. Je t'adore Angie tu es la meilleure. »

*Issa H*****
« @AngieMaman20, je t'adore ! Tu es la meilleure. Depuis que j'ai 8 ans je te regarde. »

Adrien02
« Bonsoir Angie,
Je me permets de vous écrire car je vous avais rencontrée lors d'une conférence que vous avez animée aux Ateliers du numérique à Saint-Étienne. Je voulais vous remercier pour notre échange. Ça m'a motivé à changer de métier et à créer ma propre société. »

Gacha Louve Studio
« Je te suis depuis que tu as commencé YouTube. T'es la best ! »

5 ➲ MA COLLABORATRICE CHARLAINE

Nous sommes en 2016. La chaîne vient de percer, et le besoin d'un ou une stagiaire pour me venir en aide se fait sentir. Quelque temps auparavant, une ancienne condisciple de ma formation en conseil conjugal m'a parlé de sa fille qui étudie dans une école d'audiovisuel. J'y repense, et je demande ses coordonnées. L'entretien avec Charlaine est familier et fluide. Le fait qu'elle m'ait été conseillée par sa maman que j'ai côtoyée en formation pendant deux ans a quelque chose de rassurant. Pour la petite anecdote, Charlaine se propose même de monter mes chaises de salon. Je me demande si elle n'a pas pitié de moi, en voyant les meubles encore dans leurs cartons d'origine. Je lui confie avoir été livrée il y a seulement quelques jours. *Le cliché de la maman solo empotée, très peu douée pour le bricolage !* Chaque fois que je m'assois sur ces chaises, je pense à elle ! Un vrai lien se crée à ce moment-là. Je sens tout de suite que Charlaine est une personne volontaire, généreuse et compétente. Mais malheureusement, elle recherche uniquement une alternance, ce que je ne peux encore lui proposer, avec ma petite boîte au chiffre d'affaires trop modeste. Je ne me verse même pas de revenu, et cela ne fait que trois mois que la chaîne a percé. Ce ne sera donc pas à ce moment-là que nous commencerons à travailler ensemble.

Dans mes relations, qu'elles soient amoureuses, amicales ou professionnelles, c'est toujours une question de *timing* ! La bonne personne, au bon endroit, au bon moment. Un an plus tard, en 2017, Charlaine revient en m'expliquant qu'elle a changé d'école et qu'elle recherche un stage d'été en entreprise. Elle n'en démord pas ! *Je finis par dire oui, que voulez-vous...* Je plaisante, évidemment, car avec Charlaine ça se passe superbement bien, contrairement à la personne en free-lance que j'ai mandatée pour m'aider jusqu'à présent. Un contraste surprenant ! La fluidité entre nous, décelée l'année précédente, est demeurée intacte ; et nous apprenons cette fois à nous connaître. Pas de mauvaises surprises, que du plaisir ! Quand l'été est terminé, j'adorerais la recruter ! Ma société est maintenant armée pour le faire. Mais Charlaine souhaite aller au bout de son cursus pour obtenir un diplôme, ce que je comprends tout à fait, même si c'est fort regrettable pour moi. Snif ! Encore un an à attendre... Cette nouvelle séparation nous déchire ! Afin d'écourter l'attente interminable, Charlaine revient en décembre pour un mini-stage. *On peut désormais parler d'acharnement, n'est-ce pas ?* C'est finalement un an plus tard, en septembre 2018, le diplôme en poche, qu'elle postule en tant qu'assistante de youtubeuse. *Je suis bien contrainte d'accepter, non ?* Après cet insolent harcèlement, Charlaine rejoint l'équipe que nous formons avec Fanny, ma première assistante, recrutée au poste refusé par Charlaine un an auparavant. À nous trois, nous vivons des moments mémorables ! Travailler pour YouTube n'est pas un métier comme les autres. Il n'est pas possible de se limiter à de simples relations de travail, car les abonnés, à travers l'écran, ressentent l'atmosphère et l'ambiance qui règnent sur le tournage. Il est nécessaire de prendre du plaisir, de s'amuser et de lâcher prise avec les codes habituels de l'entreprise. C'est ce que fait toujours Charlaine, aujourd'hui, à mes côtés ! Elle ne déroge pas à son sourire légendaire et elle est toujours autant investie. Si on fait le calcul, elle me poursuit depuis quatre ans ! Pensez-vous que je devrais m'en plaindre ? Ce serait aller contre une fidélité inégalée je crois. J'ai beaucoup de chance d'avoir croisé son chemin. Je n'ai pas toujours été entourée de bienveillance par les personnes qui se sont trouvées sur mon chemin (c'est le moins qu'on puisse dire !), mais Charlaine fait partie de celles qui redorent le blason de l'humanité. Quand je n'ai pas le moral, elle est là ; quand j'ai besoin d'elle, elle arrive ; quand mon inspiration est en berne, elle prend le relais. Et c'est réciproque, évidemment. Notre binôme se complète parfaitement. Avec deux sensibilités différentes, on crée un contenu encore plus riche et pertinent. Une vidéo est souvent le résultat d'un ping-pong d'idées créatives, d'un mélange de deux perceptions. Charlaine s'intéresse davantage à la technique tandis que, de mon côté, je me concentre sur l'écriture et le développement. Le tandem fonctionne à merveille.

Autre conseil (même si je n'aime pas en donner car je ne me considère pas légitime pour ça) : entourez-vous des bonnes personnes ! Trouvez celles qui partagent vos valeurs et qui vous tirent vers le haut. L'énergie que ces personnes vous apporteront sera essentielle pour le bon déroulement de votre projet. Mais attention, méfiez-vous des pots de colle comme Charlaine, c'est extrêmement dangereux ! Vous risquez de tomber dans l'amitié et de redouter terriblement le jour où l'oiseau quittera le nid. D'ailleurs, Charlaine vient récemment de créer sa propre chaîne YouTube, Gaufres Stellaires, le journal de bord d'une fille des temps modernes, qui pose des questions existentielles sur sa vie, ses ambitions et son couple. Si un jour elle doit me quitter, c'est qu'elle aura réussi ! J'en serai vraiment très heureuse, et je promets d'être discrète le jour de ma pendaison ! *OK, je pousse un peu loin mon humour noir ! J'avoue, ce n'est pas terrible pour terminer cette partie de mon livre.*

#3 PUISER DANS SON EXPÉRIENCE POUR AVANCER

Si je pouvais faire un résumé simple de ces 88 premières pages *– je préfère compter en pages plutôt qu'en âge… –*, je dirais que la vie est comme une vague sur laquelle il faut surfer. Mais pour attraper cette vague, il faut d'abord se trouver soi-même. Apprendre à se connaître pour découvrir ce qui nous anime vraiment peut prendre du temps. Pour ma part, voici ce que j'ai appris.

- Ne pas se laisser duper par ses pensées limitantes. Non, je n'étais pas nulle, je n'étais juste pas adaptée à l'école primaire *– ou l'école primaire n'était pas adaptée à tous les enfants… ce qui est un autre débat.*
- Savoir écouter son intuition. N'oubliez pas qu'elle est là pour nous protéger.
- Saisir les opportunités quand elles se présentent. Il y en a toujours, encore faut-il vouloir les voir !
- Réussir à dépasser, par la création, les difficultés qui nous terrassent.
- Prendre des risques, sortir de sa zone de confort. La vie est courte, il serait dommage de la laisser filer sans oser !
- Prendre soin des autres, car ce sont les rencontres et les relations interpersonnelles qui nous portent. L'existence est faite de contacts qui peuvent tout bouleverser. Selon Aristote, « l'homme est naturellement un animal politique ». Politique vient du grec *polis* qui veut dire « cité », ce qui signifie que tout homme a besoin des autres pour être homme. Ce sont ces autres qui nous nourrissent, nous émeuvent, nous emmènent vers d'autres horizons.

Comme vous avez pu le voir, la vie n'est sûrement pas un conte de fées, mais on peut tout à fait trouver en soi la baguette pour la rendre plus belle et plus limpide. Pas de magie, juste un cheminement personnel et un peu d'efforts... Cela n'a pas été facile pour moi de vous livrer une partie de mon intimité. J'espère que vous pourrez piocher ce dont vous avez besoin pour avancer, avec vos ressources et ce qui vous fait vibrer, vous ! *Éloignez votre téléphone portable de votre poche, ça ne marche pas !*

Vous avez la tête qui tourne ? Faites une pause et quand vous vous sentirez prêt, nous aborderons la création et la gestion d'une chaîne YouTube de façon plus concrète. Je vous dévoile dans les prochaines lignes mon quotidien d'influenceuse (même si je n'aime pas du tout ce mot) avec ses réalités, ses fantasmes, ses bienfaits et ses écueils.

Un café ?

2

MA VIE SUR YOUTUBE

#1 MIEUX CONNAÎTRE YOUTUBE

Dans cette seconde partie, laissons le passé derrière nous et intéressons-nous à YouTube.

Les réseaux sociaux et les services de vidéo à la demande tels que YouTube font partie intégrante de notre nouveau monde de l'image et de l'instantané. Ils façonnent notre façon de consommer, de travailler et de vivre. Par conséquent, ils questionnent, ils inspirent et intriguent. Certains se demandent comment tirer profit de ces nouveaux métiers apparus avec le numérique. Comment cela se passe-t-il de l'intérieur ? Comment fait-on pour s'intégrer aux rouages de la grande machine YouTube ? Pour répondre à ces questions, je vous emmène dans mon quotidien de créatrice. Vous y découvrirez la belle aventure florissante et trépidante que je vis, tout autant que les écueils auxquels j'ai dû faire face. Je vous propose le partage de mon expérience à travers l'analyse de situations concrètes auxquelles j'ai été confrontée. Rien de plus concret que l'empirique !

PETIT LEXIQUE DE YOUTUBE

Avant que vous pensiez que je parle chinois, je vous propose un petit glossaire de YouTube : la définition de quelques contractions, sigles et anglicismes incompréhensibles pour les non-initiés, mais qu'il convient de connaître pour s'y retrouver sur le réseau.

Brand content : mise en avant d'un produit ou d'un service d'une marque.

Brief : document contenant les besoins, les objectifs et les valeurs d'un client dans le cadre d'une campagne.

DIY : *do it yourself*. Vidéo explicative pour apprendre à faire quelque chose soi-même (déco, création artistique, couture, produits d'entretien, etc.).

FAQ : foire aux questions. Vidéo dans laquelle le créateur répond aux principales questions des abonnés.

Live : diffusion en direct.

Miniature : image qui représente une vidéo YouTube, telle une photo de profil.

Network : réseau multichaîne, structure partenaire de YouTube qui fait fonction d'agent et accompagne le créateur dans le développement de sa chaîne, dans la signature de contrats de sponsoring, en contrepartie de commissions sur les collaborations et/ou sur les revenus YouTube.

Postproduction : ensemble des opérations qui finalisent la fabrication d'une vidéo, à savoir le montage, le mixage audio et l'étalonnage (colorimétrie de l'image).

Revenus AdSense : revenus générés via la régie publicitaire de Google, grâce aux annonces diffusées sur les vidéos YouTube.

Story : vidéo éphémère visible pendant 24 heures seulement.

Talent : sur YouTube, un talent est un créateur ou une créatrice qui produit du contenu original.

Tuto : diminutif de tutoriel. Guide d'apprentissage vidéo destiné à former un utilisateur novice dans un domaine.

Unboxing : type de vidéos dans lesquelles le créateur déballe des produits achetés récemment.

Vlog : contraction de « vidéo » et de « blog ». Blog sous forme de vidéo, journal intime audiovisuel au sein duquel le créateur partage des moments de sa vie privée, ses passions, ses coups de cœur, ses prises de position, etc.

HISTOIRE DE YOUTUBE

Commençons par le commencement. Même si je vous ai déjà présenté un historique de YouTube de façon schématique dans la première partie de ce livre (voir p. 68), il me semble intéressant de développer davantage l'histoire de YouTube dans cette nouvelle partie. En 2005, trois collègues de l'entreprise Paypal – Chad Hurley, Steve Chen et Jawed Karim – font le constat qu'il est difficile de trouver des vidéos en ligne, et qu'il manque une plateforme adéquate pour partager les leurs. Ils décident donc de créer YouTube le 23 avril 2005, au-dessus d'une pizzeria et d'un restaurant japonais. Le nom « YouTube » vient de l'anglais *you* pour « toi » – toi, l'utilisateur qui vas alimenter la plateforme – et de « tube », en référence aux tubes cathodiques de la télévision. C'est l'un des cofondateurs, Jawed Karim, qui, le jour du lancement, poste la première vidéo après une visite au zoo de San Diego. Cet enregistrement simple, sans grande qualité d'image ni de son, fait le buzz ! En proposant un contenu de proximité plus amateur, cette vidéo bouleverse les habitudes de consommation audiovisuelle. *Me at the zoo* compte aujourd'hui plus de 121 millions de vues.

Quelques mois seulement après la création de la plateforme, l'ensemble des vidéos de YouTube atteint déjà plus de 100 millions de vues, ce qui attire l'attention de Google. Tout va alors très vite.

En 2006, le géant américain de la *tech* rachète le service de vidéo à la demande pour 1,65 milliard de dollars, l'une des plus grosses acquisitions de son histoire. Un investissement qui aura valu le coup puisque aujourd'hui YouTube compte parmi les trois sites les plus visités au monde.

En 2007, pour encourager les utilisateurs à poster encore plus et mieux, Google crée le Programme Partenaire. Celui-ci consiste à offrir la possibilité aux usagers de contrôler la monétisation de leurs vidéos sur la plateforme. Désormais, 60 % des revenus publicitaires leur sont reversés, ce qui marque le début de la professionnalisation des créateurs.

On me demande souvent comment je peux gagner ma vie avec YouTube puisque le service est gratuit pour le consommateur. Cette question interroge beaucoup. Pourtant, si vous y réfléchissez, il faudrait que je sois rentière pour pouvoir travailler bénévolement ! J'aimerais bien, mais ce n'est pas le cas – *snif !* Dans l'esprit commun, faire des vidéos sur YouTube relève davantage d'un loisir ou d'un éventuel complément de salaire que d'une activité commerciale à part entière. Et pourtant c'est le cas pour moi. Aussi, avant de partager mes propres expériences, et parce que je vous sais avides de conseils très concrets sur le fonctionnement de la plateforme, voici les différentes sources de rémunération que YouTube offre.

#2 LA MONÉTISATION DE CONTENUS SUR YOUTUBE

LES REVENUS PUBLICITAIRES

La rémunération principale prévue par Google vient de l'insertion d'annonces publicitaires. L'activation se fait très facilement sur la plateforme de gestion de chaînes appelée Creator Studio. Ensuite, Google AdSense, régie publicitaire de Google, se charge de vendre des espaces publicitaires en *display*[3] en superposition sur nos vidéos. Les revenus générés par ce type d'annonces, qui représentent environ un tiers de ma rémunération, ne deviennent rentables qu'après la publication de nombreuses vidéos et uniquement pour un très grand nombre de vues. Pour vous donner une idée, une vidéo rapporte en moyenne 1000 euros pour 1 million de vues, soit 1 euro pour 1000 vues. Il faut donc générer des millions de vues pour faire vivre une société. *Si tu n'as pas fait les calculs avant, tu peux tomber de haut très rapidement !* D'autant que le calcul du CPM (coût pour mille) fluctue en

3. Display : *de l'anglais* to display, *« présenter, afficher, exposer ». En marketing, ce terme est utilisé pour qualifier des formes de publicité graphique, audio ou vidéo sur Internet.*

fonction du genre de la vidéo et du public ciblé ; et qu'il faut en outre déduire les 40 % ponctionnés par Google pour la gestion de la plateforme. On doit par conséquent produire beaucoup avant d'engendrer un chiffre d'affaires qui permette d'équilibrer les comptes.

LE *MERCHANDISING*

Les créateurs de contenu peuvent mettre en vente des produits officiels dérivés de leur chaîne via les pages de lecture[4]. YouTube s'est associé à des magasins en ligne de renommée, comme Spreadshop ou Teespring, pour que les créateurs soient accompagnés et que la mise en vente soit facilitée. De mon côté, je n'ai pas encore exploré cette piste, mais j'y songe très sérieusement ! En 2017, j'ai créé des tee-shirts à l'effigie d'Hugo et moi, mais ils étaient en vente sur un site non partenaire de YouTube, ce qui ne me permettait pas de proposer le lien vers la page de vente depuis les vidéos. Cela est en outre possible lorsque vous travaillez avec un site partenaire figurant sur la liste que fournit YouTube.

Lorsque la chaîne prend de l'ampleur, il devient intéressant, d'un point de vue marketing, de développer une véritable

4. *Pages de lecture : toute page Internet sur laquelle on peut lire des vidéos.*

stratégie de marque. J'ai d'ailleurs été conviée à un atelier intitulé « Créer un business grâce à sa chaîne », organisé au YouTube Space, dont l'objectif était de nous amener à concevoir notre chaîne comme une entreprise. *Parce que, oui, même si la chaîne n'est pas toujours un business au départ (ce qui était mon cas), elle peut le devenir par la force des choses.* Effectivement, pour continuer à créer librement, à améliorer la qualité du contenu et à se renouveler, il faut pouvoir se rémunérer, recruter des équipes, et investir. Lorsqu'un youtubeur se professionnalise, il est par conséquent très courant qu'il crée sa marque afin de développer des produits dérivés et ainsi drainer du chiffre d'affaires supplémentaire. Parfois, la marque porte le propre nom du créateur (ou son pseudonyme), et parfois celui de la chaîne. Lorsque j'ai rejoint le réseau Finder Studios en novembre 2017, son juriste m'a déconseillé de garder le nom de chaîne Angélique Marquise des Langes, qui aurait pu être assimilé à une contrefaçon du film *Angélique, marquise des Anges*. Évidemment, ce n'était qu'un jeu de mots avec mon prénom et le thème de ma chaîne, mais la jurisprudence avait montré à plusieurs reprises qu'il fallait se méfier. Je ne pouvais donc pas enregistrer ma marque à l'Institut national de la propriété industrielle (INPI), par crainte de voir la société de production du film se retourner contre moi. C'est ainsi qu'est née Angie Maman 2.0. C'est drôle parce que, de ce fait, j'arrive à reconnaître les nouveaux abonnés des anciens, en fonction du nom qu'ils me donnent. Ceux de la première heure me surnomment « Angélique Marquise » et les plus récents « Angie Maman ». *On ne peut pas me rouler dans la farine ☺ !*

LA SOUSCRIPTION AUX CHAÎNES

Il est possible de mettre en place des abonnements mensuels avec des avantages spéciaux dont bénéficieront les internautes qui y souscrivent. Souvent, les créateurs proposent aux abonnés du contenu en avant-première, des photos en exclusivité ou des dédicaces personnalisées. Pour ma part, j'ai essayé ce dispositif pour permettre à mes abonnés de participer au développement de ma série animée. Mais j'ai fait l'erreur d'offrir un contenu totalement distinct de celui que je diffuse sur ma chaîne, si bien que la sauce n'a pas pris. *Bien tenté, Angie* ☺ *!*

LES SUPER *CHATS* ET LES SUPER *STICKERS*

Lorsque l'on diffuse une vidéo en *live* (en direct), on peut donner la possibilité aux fans de payer pour que leurs commentaires apparaissent en surbrillance dans le *chat* et soient donc mis en avant. Ma communauté étant en grande majorité composée d'enfants, je me refuse de passer par ce biais-là pour gagner de l'argent. Mais c'est une option envisageable qui fonctionne pour d'autres créateurs.

LES REVENUS VIA YOUTUBE PREMIUM

YouTube Premium est une offre d'abonnement présentant plusieurs avantages exclusifs comme l'accès à un contenu original et l'absence de publicités, garantissant ainsi une utilisation optimale. Un pourcentage de l'abonnement mensuel est reversé aux créateurs. J'ai pu constater que cette source de rémunération était plus avantageuse pour moi que les revenus publicitaires classiques. Néanmoins, les souscriptions à cette offre sont encore marginales. Comme tout service récent, il faut laisser le temps aux utilisateurs de s'y familiariser. *Bon, maintenant que vous avez l'info n'hésitez pas... C'est du gagnant-gagnant !*

LES VIDÉOS SPONSORISÉES

Cette thématique suscite souvent beaucoup d'interrogations. Je vais tenter d'être le plus claire possible et de vous apporter des exemples afin que vous puissiez comprendre les tenants et les aboutissants de ce type de revenus.

Lorsque vous gagnez en notoriété et que vos statistiques deviennent significatives, les marques vous contactent pour demander à apparaître directement au sein de vos vidéos.

Il s'agit souvent de les mentionner oralement ou bien, plus subtilement, de filmer un de leurs produits en situation. On appelle cela le placement de produits. Mon agent, lui, parle d'opération spéciale. Du point de vue de l'annonceur (l'entreprise qui souhaite placer son produit), on parle de marketing d'influence. Voilà des termes qui peuvent paraître jargonneux au premier abord, mais avec lesquels on apprend à jongler sur le tas ou en formation, et qui deviennent usuels. Les tarifs offerts pour du placement de produits varient en fonction des statistiques de votre chaîne. Plus votre communauté est grande et engagée (c'est-à-dire active), plus vous avez de la valeur sur le marché. Au début, c'est vous qui devez faire la démarche de vous faire connaître auprès des sociétés et de postuler aux campagnes ; et puis, avec le temps, on finit par vous appeler et vous avez alors le luxe de pouvoir choisir. J'avoue que c'est plutôt appréciable et beaucoup moins fatigant ! Au bout d'un moment, à certaines périodes de l'année, vous pouvez vous retrouver submergé par le nombre de demandes. Il est alors primordial d'étudier chaque proposition attentivement pour travailler de préférence avec les marques qui partagent vos valeurs et qui s'inscrivent dans votre ligne éditoriale. Toute la difficulté repose sur le besoin d'accepter des collaborations rémunérées pour faire vivre et développer la chaîne, sans se travestir pour autant. Tomber dans ce piège est la meilleure manière de perdre la confiance de ceux qui vous suivent. Par exemple, j'ai été amenée à refuser de collaborer avec une grande entreprise de l'industrie alimentaire spécialisée dans la viande bovine, malgré le très beau budget qu'on me proposait. En effet, celle-ci me demandait de venir tourner un vlog au sein d'un de ses élevages, à la rencontre des bêtes et de l'éleveur, pour mettre en avant la qualité de la viande et les méthodes utilisées. J'ai pensé que de telles images pourraient heurter la sensibilité d'une partie du public qui me regarde, ce qui m'a dissuadée d'accepter cette proposition *– ou « propal » pour les initiés*. Il en est de même lorsque je suis contactée par des sociétés proposant des compléments alimentaires ou des régimes particuliers. N'étant pas tournée vers ce genre de pratiques, il ne serait pas cohérent que je me crée soudainement de nouveaux centres d'intérêt. Ce serait comme si je m'inventais une vie. Je tiens vraiment à rester en accord avec moi-même et avec mes valeurs.

Aussi, il ne faut jamais oublier que c'est à la marque de s'intégrer au contenu du créateur et qu'il ne s'agit pas pour elle de communication institutionnelle. Le sponsor – c'est-à-dire la marque – achète de la visibilité et une cible (la communauté du youtubeur) : il n'est pas le producteur de la vidéo. Par conséquent, le partenariat a pour cadre le contenu habituel de la chaîne, avec le ton et les formats qui lui sont propres. C'est le créateur qui détient les droits d'auteur. Border chaque collaboration avec un contrat se révèle essentiel pour éviter tout conflit. Il m'est arrivé, à mes débuts, de me retrouver face à un client qui, au lieu de se positionner comme un sponsor, s'est mis dans la posture d'un commanditaire de vidés publicitaires. Ce différend n'est pas allé bien loin mais a tout de même engendré des échanges houleux et des menaces de procédure judiciaire bien désagréables. À l'époque, j'ai tout de même dû consulter un avocat pour m'assurer de mon bon droit et des recours possibles en cas d'attaque.

Je vous propose ci-dessous l'analyse de cas détaillée du conflit, qui vous aidera à mieux comprendre les tenants et les aboutissants de ce type de situations. Je vous donnerai ensuite deux autres exemples de mise en place de collaboration ayant abouti.

HISTOIRE D'UN CONFLIT AVEC UN SPONSOR

La marque

Il s'agissait d'une application mobile de jeux éducatifs et ludiques, pour apprendre tout en s'amusant de la maternelle au CM2. J'avais rencontré la chargée des relations de presse à Kidexpo, un grand salon consacré aux familles et aux enfants se déroulant à Paris. Elle trouvait que mes vidéos humoristiques, dans lesquelles je jouais souvent aux côtés de mon fils de 5 ans à l'époque, correspondaient bien d'une part à la cible de l'appli, mais aussi, d'autre part, à l'aspect éducatif et fun de la marque.

Le brief

Il était assez précis, indiquant les *dos* et les *don'ts*, c'est-à-dire ce que nous devons transmettre et ce qu'il ne faut surtout pas dire ou faire. *Ces termes anglais sont très fréquents.*

L'écriture du scénario

J'ai pris l'initiative d'écrire un épisode intitulé *Mon enfant n'aime pas les maths* avec, comme personnage principal, une maman désespérée par le manque d'intérêt de son petit garçon pour cette matière. Celle-ci se creusait alors les méninges pour lui en redonner le goût, en passant par tout un tas d'astuces plus ou moins tirées par les cheveux, avant de tomber enfin sur la fameuse application à promouvoir. Au tout début des échanges, mon interlocutrice était une personne de l'agence de relations presse intermédiaire, mais la chargée de communication de la marque s'est ensuite emparée du dossier, évinçant peu à peu tous les autres intervenants. Ses retours étaient très intrusifs, elle en venait à réécrire mes blagues et mes sketches. J'ai fait l'erreur de me résigner, mais j'aurais dû être plus exigeante, car par la suite cela s'est retourné contre moi.

Le point de départ du conflit

Au moment du tournage, mon fils Hugo est tombé malade. Rien de bien grave, un peu de fièvre et de fatigue. La cliente étant inflexible sur les délais de livraison de la vidéo à l'approche de Noël, et le tournage se déroulant le week-end, il a fallu que je trouve une solution de dernière minute. De plus, j'avais réuni une équipe de tournage et loué des lieux pour certaines scènes. Personne n'était joignable le samedi au sein de la marque. Dans l'urgence, j'ai décidé de remplacer mon fils par un de ses copains désireux de jouer la comédie. Tout s'est très bien passé. La postproduction s'est réalisée sans encombre dans la foulée. J'ai pu rendre une première version en temps et en heure. Mais à la découverte du résultat, ce fut le drame. La cliente n'a pas accepté qu'Hugo soit remplacé par un autre enfant et souhaitait que je recommence la totalité du tournage quand celui-ci serait guéri, quitte à laisser passer Noël. Il fallait donc tout reprendre, du tournage jusqu'au montage ! J'étais démotivée ! Nous avions passé des dizaines d'heures à travailler sur ce projet, j'avais rémunéré l'autre enfant et loué les différents décors. Un tournage demande toute une logistique : un calendrier, et la disponibilité des différents participants (cadreur, comédiens, etc.). Je perdais donc plusieurs jours de travail et bien sûr de l'argent. J'ai tenté de négocier, mais en vain, la cliente n'en démordait pas. Pour elle, l'autre petit garçon n'était pas assez drôle, et la vidéo ne fonctionnerait pas sur la chaîne si ce n'était pas Hugo. Sur le moment, j'étais dépitée mais prête à la satisfaire car, comme on dit toujours, « le client est roi » *(m'enfin, faut pas exagérer…)*. Cependant, un nouvel obstacle s'est présenté : Hugo ne voulait plus tourner pour cette application mobile qu'il n'aimait pas. Après avoir testé les jeux pendant sa convalescence, il avait décidé qu'il ne voulait pas en faire la publicité. Ça ne lui plaisait pas.

Souhaitant respecter la demande de mon fils et ne voyant pas d'autre solution, j'ai décidé, malgré le travail déjà effectué, d'annuler la campagne en renonçant au budget qui m'était alloué. J'ai donc proposé de retirer toute mention de l'application mobile dans mon contenu, afin de pouvoir tout de même utiliser les images tournées et assurer mon rendez-vous hebdomadaire avec mes abonnés. Avec tout le temps consacré à cette vidéo, je n'avais pu en tourner d'autres. Or, la période de Noël est propice aux vues et aux revenus publicitaires. Si je ratais un rendez-vous ce mois-là, je risquais un véritable manque à gagner, sans compter les effets que cela aurait eus sur le référencement de ma chaîne sur YouTube, référencement basé sur la régularité. Qui dit moins bon référencement, dit moins d'affichages, moins de vues, moins de publicités vues et cliquables, et donc moins de revenus. Évidemment, une fois les plans en lien avec l'application mobile supprimés, l'histoire manquait de cohérence. J'ai donc rappelé le copain d'Hugo et nous avons tourné de nouvelles scènes pour compléter le récit. Quel stress !

L'éclatement du conflit

Mais la cliente, extrêmement déçue de ne pas conclure la campagne avec Hugo, a insisté lourdement pour que nous recommencions. Après plusieurs échanges par mail, elle a fini par me menacer de m'attaquer en justice. En effet, comme elle m'avait proposé des gags à ajouter à mon texte, elle considérait que celui-ci lui appartenait en partie. Elle estimait également que la vidéo était la sienne car, selon elle, je n'aurais pas traité ce sujet si elle ne m'avait pas passé commande. Je sais, c'est tiré par les cheveux, mais ce sont les mots qu'elle a littéralement utilisés. Elle m'interdisait formellement de poster ma vidéo tournée avec l'autre petit garçon sous peine de poursuites judiciaires, indiquant que son avocat était en copie du mail. Sur le moment, mes poils se sont dressés. J'ai ressenti comme une énorme injustice. Il s'agissait de mon travail et de ma communauté !

Le dénouement

Vous commencez à connaître mon degré de positivité, et dans ce livre vous ne verrez jamais de problèmes sans solution. Voici celle que j'ai fini par trouver. Mon premier réflexe a été de contacter mon avocat pour connaître les risques que j'encourais si je diffusais cette vidéo. Eh bien, il n'y en avait aucun, puisque les droits d'auteur d'une vidéo reviennent toujours à l'influenceur (sauf si le client achète ces droits) ! Pour éviter tout recours, j'ai supprimé les blagues suggérées par la cliente et les ai remplacées par de nouvelles, issues tout droit de mon imagination. Plus aucun élément ne faisait référence à la vidéo imaginée avec le sponsor ni même le titre, qui était passé de *Mon enfant n'aime pas les maths* à *Mon enfant n'aime pas l'école*. D'ailleurs, le mot « école » était banni du brief du client, comme cela, plus de quoi tergiverser ! Eh bien, *accrochez-vous,* cette vidéo a fait le plus gros buzz de l'histoire de ma chaîne en 24 heures : 500 000 vues en un jour ! Elle a même été propulsée en « Tendances », l'onglet de YouTube qui répertorie les 50 vidéos les plus prometteuses des dernières 24 heures. Une belle revanche vis-à-vis de la cliente qui martelait que, sans mon fils, la vidéo n'aurait aucun succès ! La vidéo a atteint 1 million de vues au bout de 1 semaine seulement, et aujourd'hui elle frôle les 5 millions de vues ! *Encore une intervention de ma bonne étoile peut-être ?*

Pour en revenir au sujet général des vidéos sponsorisées, il est fréquent de lire des commentaires négatifs et réprobateurs sous celles qui diffusent un placement de produit. De mon côté, les revendications sont rares, car je suis transparente sur le sujet. Souvent, je le mentionne à l'oral au sein même de la vidéo. En complément, YouTube propose, au moment de la publication de la vidéo, de cocher une case pour indiquer aux abonnés la présence d'une communication commerciale, par l'intermédiaire d'un message apparaissant à l'écran. Il est crucial de passer par cette pratique afin que l'internaute ne soit pas surpris en cours de visionnage. Aussi, il convient de noter clairement que la vidéo fait l'objet d'un partenariat rémunéré. La réglementation impose de signaler tout contenu publicitaire. L'article 20 de la loi du 21 juin 2004 pour la confiance dans l'économie numérique précise que « Toute publicité [...] doit pouvoir être clairement identifiée comme telle ». Tout manquement au respect de cette loi pourrait entraîner une sanction allant jusqu'à deux ans de prison et 300 000 euros d'amende. Évidemment, il est extrêmement rare d'en arriver là, mais il est plus raisonnable de mettre toutes les chances de son côté pour ne pas que cela se produise.

UNE BELLE COLLABORATION ET UNE VIDÉO HUMORISTIQUE

Une autre fois, mon agent m'a contactée avec la proposition suivante.

Le dispositif

Le sponsor : la Fédération française de cardiologie (FFC).

L'objectif : sensibiliser le grand public aux maladies cardio-vasculaires touchant des enfants en mettant en avant sa campagne audiovisuelle ; inciter au maximum les internautes à consulter le site de la fédération[5] pour en savoir plus sur les maladies du cœur et, si possible, montrer sa campagne à l'écran afin d'en favoriser la visibilité.

Le message clé : « En faisant au moins 60 minutes d'activité physique par jour, les enfants diminuent le risque de développer une maladie cardio-vasculaire. » Entre 4 et 17 ans, ils doivent pratiquer 1 heure d'activité quotidienne. C'est aux parents de montrer l'exemple. Si l'on donne aux enfants le goût pour l'exercice physique régulier, cela fera partie d'une hygiène de vie qu'ils conserveront à long terme.

Autres éléments à communiquer : l'augmentation de l'inactivité physique et du temps passé assis – liée au mode de vie actuel des enfants et des adolescents – participe grandement à la progression inquiétante du surpoids et de l'obésité chez les jeunes. Le surpoids associé à la sédentarité explique la réduction des capacités physiques.

Quels que soient l'âge et les capacités de l'enfant, il est important d'associer l'activité physique au plaisir et au bien-être plutôt qu'à la performance ou à la contrainte.

- Accompagnez-les à l'école à pied ou à vélo.
- Privilégiez les activités de plein air, le week-end et après les cours.
- Évitez ou limitez le temps passé devant les écrans, tablettes ou mobiles.
- Prenez les escaliers plutôt que l'ascenseur.
- Descendez une station de bus ou de métro avant, garez-vous une rue plus loin.
- Privilégiez la marche plutôt que la voiture.

5. *Site de la Fédération française de cardiologie : fedecardio.org.*

La mise en place de la collaboration

La FFC m'a choisie pour toucher deux cibles essentielles de sa campagne : les parents et les enfants. De mon côté, je trouvais vraiment intéressant de participer à une collaboration non mercantile axée sur la sensibilisation. L'adéquation cible et valeurs était parfaite. Avec toutes ces informations j'ai dû inventer une histoire, à la fois en accord avec la ligne éditoriale humoristique de ma chaîne et suffisamment pertinente pour transmettre le message demandé.

Il n'est pas évident de sensibiliser à des causes aussi délicates, tout en gardant un ton léger et amusant. *Mais Angie n'est jamais à court d'idées, ha, ha !* J'ai donc imaginé l'histoire d'une maman tellement stressée pour son fils qu'elle en vient à le barricader à domicile, emprisonné dans du papier bulles, pour lui épargner toute blessure ou tout désagrément venant de l'extérieur. Et à la télévision, défile la campagne de la Fédération française de cardiologie... Ce récit a donné naissance à de nombreux gags et situations comiques et informatives. À travers cette fiction, j'ai pu transmettre le message clé : il est bien plus dangereux pour la santé de rester chez soi au chaud à ne pas bouger que de sortir – quitte à risquer de se blesser – et pratiquer un sport à l'extérieur.

La vidéo *La Maman ultra-stressée*, publiée le 30 mars 2017, a enregistré plus de 3,6 millions de vues. L'opération fut un succès !

Dix-huit mois plus tard, la FFC, satisfaite de notre précédente collaboration, m'a recontactée pour une nouvelle campagne, cette fois-ci au sujet des maladies cardio-vasculaires touchant les femmes. J'avoue avoir eu plus de difficultés à trouver une histoire adaptée. Parfois, l'inspiration vient sans attendre, et d'autres fois, il faut aller la puiser ailleurs. Dans ce cas, j'en parle autour de moi, j'interroge mes proches, mes abonnés, ou bien je fais des recherches sur la toile pour trouver des sujets similaires déjà traités. *J'ai heureusement plus d'un tour dans mon sac !* L'une de mes deux assistantes de l'époque avait écrit un texte me présentant comme une femme hypocondriaque, traumatisée par les informations sur les dangers cardio-vasculaires. Mais je n'étais pas vraiment convaincue par ce synopsis... Et puis m'est venue l'envie de partager une douloureuse expérience que j'avais vécue quelques semaines plus tôt, à savoir une mauvaise chute qui m'avait conduite aux urgences. J'ai pu ainsi exprimer ce que j'avais sur le cœur, tout en communiquant sur la campagne de la FFC ! *Une pierre, deux coups !*

UNE COLLABORATION AU SEIN D'UN VLOG

Le sponsor

Netflix, pour son film d'animation familial de Noël *Klaus*.

L'objectif

Communiquer sur le lancement du film et sur la gratuité de celui-ci les trois premiers jours.

Le message clé

Un film sur les jouets de Noël et le don de jouets. Valeurs de générosité et de partage.

Le dispositif

En *stories*, nous devions regarder le film, confortablement installés, puis donner notre impression. Pour la vidéo, il fallait que mon fils Hugo choisisse des jouets dont il ne se servait plus, afin de les offrir à une association de notre choix. Netflix avait envoyé un colis vide à remplir, accompagné d'une lettre signée par l'un des personnages principaux du film.

Le tournage

Ce fut un moment de partage spontané. Je n'avais pas de texte, juste une ligne directrice à suivre avec des moments clés à capturer. Hugo et moi avons réellement sélectionné des jouets de notre salle de jeux, pendant que Charlaine, mon assistante, filmait, sans avoir préparé de mise en scène. Nous avons adoré partager un si bel instant de notre quotidien, le moment du tri des vieux jouets pour une action solidaire. C'était une très belle collaboration avec de magnifiques valeurs d'entraide et de soutien. Ce que l'on peut faire ressortir de cette expérience c'est que plus le vlog est tourné dans des conditions réelles, plus le rendu sonne vrai et plus les internautes accrochent.

Le sponsoring est la source de revenus avec laquelle j'ai démarré. Évidemment, les montants que je demandais pour les placements de produits étaient dérisoires par rapport au travail fourni, mais cela me permettait de me faire connaître, de développer un portefeuille de clients et de payer mes charges. Au tout début, le budget pour une vidéo dédiée était de 500 euros. Et puis, avec le temps, ce tarif a augmenté. D'ailleurs, pour m'aider à définir une grille tarifaire, j'ai fait appel à un agent dit *network*, ce sur quoi je reviendrai un peu plus loin dans le livre.

Nous venons de passer en revue les revenus inhérents à YouTube. Mais il en existe d'autres qui en découlent.

#3 LES SOURCES DE RÉMUNÉRATION ANNEXES

LES DROITS D'AUTEUR

YouTube a signé un accord avec deux organismes de gestion des droits d'auteur français, la Société des auteurs et compositeurs dramatiques (SACD) et la Société civile des auteurs multimédia (SCAM), pour rétribuer les œuvres des créateurs sur Internet. Ainsi, en fonction du nombre de vues réalisées, ceux-ci perçoivent des droits en tant qu'auteur et/ou réalisateur. À l'égal de la monétisation des vidéos YouTube, il faut du temps et de nombreux contenus pour que l'ensemble des vues soit réellement rémunérateur.

LA MONÉTISATION DES VIDÉOS SUR D'AUTRES PLATEFORMES

Après quelques mois sur YouTube, le site parents.fr m'a démarchée, à la suite de la diffusion d'un communiqué de presse sur mon très jeune succès. Il me faisait la proposition suivante : en échange de l'avant-première et des droits de diffusion de certains épisodes de ma websérie, il m'offrait une visibilité sur ses réseaux et magazines, ainsi qu'un pourcentage des revenus publicitaires que mes vidéos engendreraient sur le site Internet. J'ai accepté. À mes débuts, cela m'a apporté un complément de rémunération. Quatre ans plus tard, nous sommes toujours partenaires.

LES PROJETS CULTURELS

Grâce à YouTube, certains créateurs se font connaître pour l'une de leurs compétences et peuvent alors développer des services ou produits dérivés. C'est le cas de Norman qui, grâce à ses vidéos, est devenu humoriste professionnel et a écrit son *one-man-show*. Il en est de même pour Max Bird, déjà comédien et photographe, qui s'est fait remarquer pour ses vulgarisations scientifiques originales sur YouTube, et qui a monté des spectacles et écrit des livres. Et pour moi, ce livre est bien l'aboutissement de ce processus de développement. *J'ai même un second projet dont je vous ferai part dans ma conclusion !*

LES PARTENARIATS NON RÉMUNÉRÉS

YouTube est avant tout une plateforme de partage et d'échange. Ainsi, toutes les collaborations ne sont pas forcément soumises à une rétribution financière directe, ce qui n'empêche pas qu'elles aient une valeur marchande. On parle alors d'échange ou de rémunération en nature. Si le cœur vous en dit, il est tout à fait possible de parler d'un produit ou d'un service sans demander de rémunération, tout simplement parce que ce produit vous plaît ou qu'il s'agit du projet d'un(e) ami(e), ou que la dotation en échange est importante, ou bien encore que vous en avez envie, tout simplement. La liberté de création est sans limites et c'est bien ce qui fait la richesse de ce média.

En ce qui me concerne, j'ai très souvent accepté des voyages en échange de visibilité. J'adore parcourir le monde et découvrir de nouvelles cultures. C'est d'ailleurs pour cette raison que j'ai développé un format vlog voyage et découverte, lorsque ma chaîne a atteint une notoriété bien installée. Le principe de l'échange « voyage contre visibilité » me convenait parfaitement ! Grâce à cela, j'ai pu faire de nombreux séjours – notamment avec Vacances Bleues et Pierre et Vacances –, partir en Mongolie en voyage humanitaire, et également aller au Panama – avec TUI – entourée de l'une de mes amies d'enfance et de nos bambins du même âge. Autre exemple d'échange : fan de Thermomix, j'ai négocié une vidéo contre le robot de cuisine dont le prix est assez important et que je n'aurais pas pu m'offrir autrement. Il m'est arrivé aussi de parler d'artistes que j'appréciais particulièrement, ou d'un bon plan que je voulais communiquer à mes abonnés, même si cela impliquait de faire la promotion d'un service ou d'un produit commercial. Je me suis toujours chargée de la mise en place de ce type de partenariats, car je considère que l'aspect humain est essentiel pour ces formes d'échange. C'est ce qui m'intéresse d'ailleurs dans ce métier, être en contact avec les autres. Malgré la dimension digitale, on peut aussi créer de véritables liens, et communiquer réellement, au-delà du virtuel.

Pour chaque collaboration rémunérée, que ce soit pour la Fédération française de cardiologie (voir p. 110) ou Netflix (voir p. 113), je suis passée par un agent qui a pris en charge l'ensemble de la mise en œuvre de l'opération. Sur YouTube, on appelle ces intermédiaires des *networks*[6]. Moyennant une commission, ils s'occupent de la gestion financière et logistique du partenariat, libérant ainsi du temps au talent pour se concentrer sur l'aspect artistique et créatif du projet.

Cela m'amène à vous parler de tous les partenariats et les synergies que vous pouvez créer pour assurer le développement de votre chaîne.

---

6. Networks : *voir lexique, p. 94.*

#4 LES SYNERGIES ET PARTENARIATS INDISPENSABLES AU DÉVELOPPEMENT D'UNE CHAÎNE YOUTUBE

LES *NETWORKS*

Sur YouTube, les *networks* sont l'équivalent des agents. Ce sont des *multi-channel networks* (MCN), des structures partenaires de YouTube en charge de plusieurs créateurs de contenu. Ils aident les talents à se professionnaliser en les guidant pour la gestion des droits, la monétisation, le développement de l'audience, la promotion et le *brand content*. Ils jouent un rôle intermédiaire entre YouTube et le créateur. Ce sont eux qui perçoivent les revenus AdSense et qui les reversent au youtubeur. Certains prennent un pourcentage sur ces revenus, d'autres non. Les MCN prélèvent une commission de 15 à 30 % pour leur service de gestion des campagnes publicitaires avec les sponsors. Le tarif varie en fonction de leur implication, à savoir s'ils se chargent de la production et de la postproduction en plus du reste. Il est très utile d'avoir un network quand on atteint un certain nombre d'abonnés, car le temps vient très rapidement à manquer. La création d'une vidéo est très chronophage. Pour vous donner un ordre d'idée, mon format websérie aux épisodes de 5 minutes environ demande approximativement 70 heures de travail par semaine. Comme j'ai une employée, on peut dire que cela représente un travail à temps plein pour chacune de nous. Cependant, me concernant, ce temps ne représente qu'une partie de mes tâches hebdomadaires. Heureusement que mon *network* m'apporte son soutien, car gérer une campagne est un véritable métier avec une vraie prise en charge qui consiste à s'occuper des échanges avec le client, de la négociation, de la mise en place du dispositif, du suivi et de la facturation. Quand on débute, comme pour tout entrepreneur, on fait tout soi-même, mais il arrive un moment où on ne peut plus faire autrement que de déléguer si on veut pouvoir se développer. Avec YouTube, c'est pareil.

Pour ma part, j'ai rejoint Finder Studios / Studio71 en 2017. Il s'agit de la régie du groupe TF1 qui me permet de bénéficier de revenus publicitaires supplémentaires. Studio71 est l'un des plus grands MCN au monde. Il en existe plusieurs en France, comme Webedia ou encore Wizdeo. J'avais été démarchée par des agences étrangères comme MediaCube ou encore Melberries, j'avais reçu plusieurs propositions, mais j'ai attendu un peu avant de m'engager avec un *network*. Souvent, les créateurs, même de petite taille, sont sollicités par des MCN qui n'ont qu'un objectif : enrichir leur répertoire pour faire gonfler leurs statistiques. En effet, la force d'un network se mesure au nombre de chaînes qu'il possède et au nombre de vues qu'il génère avec la totalité de ses talents. S'affilier à un MCN devient en général intéressant quand on approche des 100 000 abonnés. Avant cela, souvent, on vous ponctionne juste un pourcentage de vos revenus mensuels YouTube et on vous fournit éventuellement quelques outils statistiques, mais on ne peut pas encore vous « vendre » sur le marché du sponsoring. Ce n'est donc finalement pas très rentable, sachant qu'il faut du temps avant de gagner sa vie sur la plateforme. Imaginez si en plus vous devez reverser le peu que vous gagnez !

L'aspect financier ne doit pas être le seul critère dans le choix d'un MCN. Il est primordial d'avoir confiance en ceux avec qui on fait alliance. C'est pour cela qu'il est souvent recommandé d'opter pour un partenaire parlant sa langue et basé dans son pays. Il est ainsi plus facile de communiquer, mais surtout, les *talent managers* (les chargés de talents) qui vous accompagnent ont un regard plus avisé sur le marché publicitaire concerné.

Mais attention, dans les périodes de questionnement et d'errance du début, il est fréquent de tomber dans certains pièges et notamment dans les filets de requins en quête de bons plans (ou de bon sang)… Cela m'est arrivé !

ATTENTION À L'APPÂT DU GAIN !

Cela faisait quelques mois que j'avais créé Angélique Marquise des Langes. Je n'avais qu'une dizaine de vidéos à mon actif, mais j'ai eu envie de présenter ma chaîne au Web Program Festival, dans la catégorie humour. Je savais que je n'avais aucune chance face à tous les gros du secteur qui postulaient. Pourtant, outre le petit challenge personnel que cela représentait, j'étais curieuse de savoir ce qu'allaient penser de mon travail des professionnels du milieu. Est-ce qu'ils allaient aimer mes gags, mon style, ma patte ?

Contre toute attente, j'ai été sélectionnée pour la finale ! Ma surprise était grande ! Wouah ! Étais-je vraiment drôle ? J'ai donc participé à l'événement qui se déroulait à Paris sur plusieurs jours. Sur place, il y avait des conférences, des ateliers, des pots, ce qui permettait de rencontrer et d'échanger avec pas mal de monde. Parmi ces personnes, j'ai été approchée par un jeune homme qui créait son agence de youtubeurs. Il était très intéressé par mon contenu, car il sentait qu'il y avait un réel potentiel de développement. Par conséquent, il m'a fait la proposition suivante : il s'engageait à me mettre à disposition son réseau pour me faire grandir, et me garantissait un salaire mensuel de 1200 euros, en échange de mes droits d'auteur. En d'autres termes, il me tentait avec un revenu fixe dont j'avais besoin et qui peinait à arriver, dans le but de se saisir de l'ensemble de ma chaîne et de ses droits. Il a essayé… J'ai tout de même hésité, car les premiers mois semblent extrêmement longs et difficiles. Les premières années aussi. On donne beaucoup de soi, on ne compte pas ses heures, parfois on ne dort plus, on dépense beaucoup d'énergie, on y met beaucoup d'espoir, et souvent le résultat n'est pas à la hauteur de nos attentes. Il est facile de baisser les bras et d'abandonner. Mais je sentais que ce n'était pas le moment, qu'il fallait que je persévère encore un peu. Et j'ai eu raison… je m'en serais mordu les doigts si j'avais succombé à la tentation ! Pour finir, je n'ai pas remporté le prix de l'humour du Web Program Festival, mais l'expérience fut très enrichissante. J'avais fait un premier pas dans l'univers du Web.

NE JAMAIS BAISSER LES BRAS

Quelque temps après, j'ai reçu un mail du *network* d'Endemol. Le *talent manager* était intéressé par ma chaîne et réfléchissait à l'intégrer à son réseau. Évidemment, sur le moment, j'avais les yeux qui brillaient, car Endemol, bien que connu pour ses émissions de télé-réalité éloignées de mon contenu, est l'une des plus grosses sociétés de production au monde. Nous nous sommes rencontrés dans ses bureaux à Paris et sommes même convenus des modalités d'un contrat, mais, au moment de signer, il m'a fait faux bond en m'expliquant que ma cible était peut-être trop large pour toucher véritablement un public précis et faire grandir ma chaîne. J'étais très déçue et, surtout, je me suis demandé s'il n'avait pas raison. À force de vouloir toucher trop de monde, allais-je réussir à faire fleurir une communauté cohérente et engagée ? Je sentais pourtant au fond de moi qu'il était possible de cibler à la fois les parents, les futurs parents et les enfants. Encore une fois, mon intuition était la bonne puisque j'ai atteint le million d'abonnés et qu'Endemol a fini par fermer sa section *networking*. Comme quoi, il faut faire confiance à son instinct !

En tout cas, ces échanges ont été fructueux, car le *talent manager* avec lequel j'étais en contact a fini par quitter le groupe pour créer sa propre agence de *brand content*, et il me propose aujourd'hui des collaborations qu'il négocie directement avec Studio71. C'est ainsi que je suis partie en séjour dans une cabane perchée au beau milieu d'une forêt vendéenne pour promouvoir le nouveau service d'annonces locatives insolites du site Le Bon Coin. *Fin heureuse ☺. Ils finirent ensemble et eurent beaucoup d'abonnés !*

Morale de l'histoire : on ne perd JAMAIS son temps et il n'existe pas d'ÉCHEC ! Et surtout, il faut CROIRE en son projet et SUIVRE SON INSTINCT, car celui-ci est là pour nous protéger.

Outre les *networks*, les youtubeurs peuvent aussi être accompagnés directement par YouTube.

L'ACCOMPAGNEMENT PAR YOUTUBE

1 ➲ LE PROGRAMME PARTENAIRE

Dans le cadre du Programme Partenaire, YouTube met à disposition, selon certains critères d'éligibilité, un responsable partenaires de Google, chargé d'offrir un suivi personnalisé à certaines chaînes. L'accompagnement s'étend le plus souvent sur 6 mois, mais peut être renouvelé plusieurs fois ; tout dépend de la volonté des équipes et des choix stratégiques décidés en interne. J'ai pu en bénéficier à plusieurs reprises, et je dois dire que j'ai vraiment apprécié d'avoir un interlocuteur dédié, disponible pour répondre à mes questions, me donnant en outre accès à des événements privilégiés, et réalisant une analyse approfondie de mes statistiques avec des chiffres qu'on ne trouve pas sur la plateforme. Ce soutien est d'autant plus précieux que YouTube ne propose pas de service client à contacter par téléphone, ce qui entraîne la frustration de nombreux créateurs qui ne peuvent poser leurs questions. À partir d'un certain nombre d'abonnés, on peut néanmoins joindre le service technique par mail, mais je peux comprendre que ce soit décevant de ne pas avoir de référent à qui s'adresser directement. *Ce que j'ai préféré, je crois, c'est le petit déjeuner qu'ils m'ont livré à domicile, juste avant une visioconférence ultraconfidentielle nous révélant des infos secrètes sur l'algorithme de YouTube. T'as l'impression de faire partie des services secrets, c'est marrant !*

2 ➲ LES YOUTUBE SPACES

Les YouTube Spaces sont des espaces implantés dans plusieurs grandes villes du monde (Paris, Los Angeles, Londres…) et mis à disposition des youtubeurs ayant plus de 10 000 abonnés. Ils proposent des studios d'enregistrement tout équipés, des studios de montage et des espaces de convivialité utilisés pour des événements. Ce sont des lieux d'inspiration, de rencontre, de collaboration et de formation. On peut participer à des Creator Talks (discussions avec des youtubeurs vedettes), à des soirées à thème, ou bien encore à des ateliers techniques ou théoriques. On y étudie des sujets comme la monétisation, le référencement, ou de nombreux autres aspects des rouages de YouTube. À mes débuts, l'accès y était autorisé à partir de 1000 abonnés, ce qui m'a permis d'assister à plusieurs rendez-vous. Je n'ai cependant pas pu m'y rendre très souvent, car je vis à Lyon et le YouTube Space français est situé à Paris. Ce n'est certes pas très loin, mais si on comptabilise les frais de train, d'hôtel et de repas, ça commence à chiffrer. Tous les youtubeurs ne peuvent donc pas se permettre de participer régulièrement à des sessions. Le YouTube Space s'est déplacé une fois en province, mais il ne me semble pas que l'expérience a été renouvelée.

J'ai parlé de référencement un peu plus haut. Touchons-en quelques mots.

LE RÉFÉRENCEMENT SUR YOUTUBE

Le référencement est la façon dont vos vidéos sont positionnées et visibles sur les différentes interfaces de YouTube. En effet, quand l'algorithme promeut votre contenu afin de suggérer aux internautes de le visionner, il peut le faire de différentes manières sur la plateforme : sur la page d'accueil, sur la colonne de droite ou dans les recommandations à la fin du visionnage. Cette fonctionnalité est primordiale car, selon Neal Mohan, chef de produit YouTube chez Google, 70 % du temps passé sur YouTube résulte des recommandations proposées. Pour ma chaîne, ce pourcentage est encore plus élevé ! Afin de promouvoir les vidéos, l'algorithme prend trois facteurs en considération :
– la popularité de la vidéo via le nombre de vues ;
– la qualité de la vidéo via le temps de visionnage ;
– l'engagement des internautes par le nombre de *likes*, partages et commentaires.

Ensuite, deux autres paramètres peuvent donner définitivement envie aux internautes de cliquer sur votre vidéo :
– la miniature, aussi petite soit-elle. C'est elle qui attire l'œil du spectateur et lui donne envie de regarder ;
– le titre, par l'émotion qu'il procure, ou parce qu'il est d'actualité, ou qu'il traite d'un sujet en vogue ou bien encore parce qu'il apporte une connaissance.

Je dois dire que le référencement est un point fort de ma chaîne. Mes miniatures génèrent des clics. Le sujet fédérateur et universel de la famille y est pour beaucoup, car tout le monde est concerné. Avec ce thème, je joue sur l'émotionnel tout en surfant sur l'actualité quand cela s'avère cohérent, ou en partageant parfois mon expérience. Mais attention, il est contre-productif d'attirer l'attention avec un titre et une image chocs, que l'on appelle « putes à clic » dans le jargon de YouTube, si la vidéo n'est finalement pas en adéquation avec les promesses qu'elle a faites. L'internaute, déçu, décroche alors très rapidement et ressent un mécontentement. Cela entraîne une chute de la durée de visionnage et de l'engagement (*dislikes*, mauvais commentaires, peu de partages) qui aura comme répercussion un recul du référencement.

Personnellement, je choisis mes sujets de façon très spontanée. Je ne suis pas dans le calcul même si, naturellement, j'ai tendance à m'intéresser aux thèmes du moment. De plus, je prends en compte les demandes de mes abonnés qui, par leurs commentaires, me suggèrent souvent des idées ou des moments de vie qu'ils aimeraient voir retranscrits en vidéo. Cette façon de procéder permet notamment de fidéliser sa communauté.

LA FIDÉLISATION D'UNE COMMUNAUTÉ ENGAGÉE

La réussite sur YouTube tient aussi dans la capacité à fédérer une communauté réactive et impliquée. Plus les abonnés sont engagés et le montrent – par leurs partages, leurs *likes*, leurs commentaires, leurs réponses aux sondages, leurs réactions face aux *calls to action* (appels à l'action), ou bien par l'intérêt qu'ils portent aux produits recommandés, etc. –, plus ils participent au développement de la chaîne. Or, ce qui pousse un groupe de personnes à suivre celle-ci avec régularité, à être fidèle et à s'investir, c'est l'adhésion aux valeurs et aux messages véhiculés par le créateur. Sur YouTube, comme vous l'entendez souvent, il y a beaucoup d'appelés et peu d'élus. Il est alors primordial de se démarquer avec une personnalité ou un style différent, soit par l'attitude soit par la création de contenu, pour attirer un public cible. Mon personnage à moi est jovial, souriant et légèrement maladroit. Je pense que mon caractère spontané a contribué grandement à mon succès.

Ensuite, ce public, il faut le garder, c'est-à-dire le fidéliser. L'expérience m'a montré qu'il fallait rester cohérent avec ses idées et ses thématiques, assurer des rendez-vous fixes et réguliers, établir une interaction avec ceux qui vous regardent, et créer des icônes ou des *gimmicks*[7] qui rappellent votre personnalité. Tout cela, je l'ai fait de façon purement intuitive avec comme seul objectif de rester moi-même et d'instaurer une intimité avec mes abonnés. Sur ma chaîne, c'est un peu comme à la maison : il y a nos petites habitudes, nos playlists de vidéos, de la bonne humeur et beaucoup d'amour et de tendresse. Ma communauté est une grande famille ! La plupart de mes vidéos sont des fictions, mais je suis une véritable maman à laquelle il est possible de s'identifier. Je pense que c'est ce qui plaît. Le personnage du fils

7. Gimmicks : *procédés astucieux destinés à provoquer un effet marquant.*

est réellement interprété par mon enfant et cet ensemble sonne vrai *– ça tombe bien parce que c'est vrai !* Le public s'est attaché à notre duo, qu'il aime suivre également sur les autres réseaux.

LA SYNERGIE AVEC LES AUTRES RÉSEAUX SOCIAUX

J'aurais pu investir pléthore de réseaux sociaux comme Pinterest, Twitter ou Snapchat, mais j'ai préféré me concentrer seulement sur quelques-uns afin de ne pas m'éparpiller. *Et puis, je n'ai plus l'âge !*

1 ➲ FACEBOOK

En vérité, ma page Facebook a précédé ma chaîne YouTube, car je n'aurais jamais pensé décoller sur cette plateforme. Je n'y connaissais absolument rien et ça me semblait inaccessible. Et pourtant…

Facebook m'a permis de me faire connaître auprès des parents, bien présents sur ce réseau dont la cible est plus âgée. Ils y sont très actifs, encore aujourd'hui. Dès mes débuts, la blogueuse Mère pas parfaite et alors ? m'a prise sous son aile et a partagé mes vidéos hebdomadaires. Cela lui assurait un contenu fixe et régulier, et pour moi c'était une belle opportunité de visibilité. Aujourd'hui, en ce qui me concerne, Facebook reste un réseau pertinent, malgré le fait que beaucoup le qualifient de *has been*. Alors que l'on s'attendait à un déclin, je constate qu'il complète parfaitement mes autres comptes, par la communauté qui y est attachée d'une part, mais aussi pour l'engagement qu'il suscite grâce notamment à la possibilité de proposer des liens cliquables vers des sites ou des partenaires, etc. Les parents qui me suivent sur Facebook sont particulièrement fidèles et actifs.

2 ➲ INSTAGRAM

Comme sur tous les réseaux, pour faire sa place d'influenceur sur Instagram, il vaut mieux avoir été là dès le début, ou bien être très actif dès la création de son compte pour s'insérer dans l'algorithme ! En effet, les nouveaux comptes sont aussi mis en avant. Or, j'ai raté le coche en créant un profil que j'ai laissé inactif pendant des mois. Alors que des copines youtubeuses ont profité des débuts des *live* pour gagner en abonnés et en notoriété, je n'ai pas eu ce réflexe. Je le regrette un peu aujourd'hui, car contrairement à elles je ne pourrais pas vivre d'Insta *– pour les intimes !* Le réseau a vu sa popularité exploser ces dernières années, il est devenu une référence en matière de communication. Les internautes me demandent systématiquement mon identifiant Instagram, avant même d'aller visionner mes contenus YouTube. J'ai tout de même 74 K abonnés *– K pour kilo, soit 1 000 unités ; 74 K abonnés = 74 000 abonnés –* sur ma page, ce qui me permet de réaliser des campagnes de temps à autre. Souvent, la diffusion sur Instagram vient s'intégrer dans un forfait négocié avec une vidéo YouTube. J'utilise également ce réseau pour donner des informations et montrer des moments de vie que je ne partage pas en vidéo ailleurs. Je constate un très bon taux de conversion[8] entre Instagram et YouTube.

3 ➲ TIKTOK

Il se trouve que j'ai découvert TikTok pendant le confinement en avril 2020, quand je n'avais plus de cadreuse pour tourner mes vidéos humoristiques. Cela a donné un nouveau souffle à ma chaîne. C'est non seulement un relais pertinent, car en parfaite harmonie avec ce que je propose sur Angie Maman – à savoir, de l'humour en vidéo –, mais en plus TikTok m'a permis de retrouver des abonnés qui m'avaient oubliée. En cinq ans, les enfants des classes élémentaires qui me regardaient à mes débuts ont grandi et se sont mis à suivre d'autres youtubeurs proposant des programmes davantage tournés vers les adolescents. Néanmoins, depuis deux ans, mon fils ayant grandi, j'ai naturellement fait évoluer mon contenu. Je parle moins de bébés et de maternité, mais plus de préadolescence ou d'adolescence. Ainsi, avec TikTok, les anciens abonnés ont pu redécouvrir ma série et s'apercevoir qu'ils étaient de nouveau concernés par les histoires que je racontais. C'est ainsi que j'ai atteint le million d'abonnés beaucoup plus vite qu'escompté ! Le taux de conversion TikTok/YouTube étant très intéressant, dès qu'une vidéo

8. *Taux de conversion : pourcentage d'internautes qui vont cliquer sur un lien dans une publication.*

sort j'en fais la promotion sur ce réseau, ce qui booste le nombre de vues.

Il existe plusieurs manières de jouer sur l'effet vase communicant et d'optimiser le recrutement des internautes entre les réseaux. Celle qui est souvent utilisée est le format « Instagram contrôle ma vie ». Le concept est de faire voter ses abonnés Instagram pour qu'ils décident, entre plusieurs options possibles, de l'action que vous devrez effectuer dans la journée (par exemple, monter dans un manège à sensation ou faire du kart), puis de se filmer en fonction du choix du public, pour ensuite révéler le résultat en publiant la vidéo sur YouTube. Cette technique permet de drainer de nombreux abonnés – curieux de connaître le résultat du vote – d'Instagram vers YouTube, et *vice versa*. De plus, c'est une façon d'interagir avec les internautes et de leur donner la parole. J'ai réalisé deux vidéos de ce type sur ma chaîne, qui ont obtenu un très bon taux de conversion et un grand nombre de vues.

#5 LE JOUR OÙ YOUTUBE EST DEVENU MON MÉTIER

Comme je l'ai expliqué dans la première partie de ce livre, tout s'est passé très vite ! Le nombre des abonnés et le nombre de vues se sont emballés du jour au lendemain, après la publication de ma vidéo en collaboration avec la famille de youtubeurs Studio Bubble Tea. À l'instar de la rapidité avec laquelle circule l'information sur les réseaux, je me suis retrouvée propulsée au rang de youtubeuse professionnelle sans vraiment comprendre ce qu'il m'arrivait. Alors qu'avec mon précédent projet entrepreneurial je rêvais de pouvoir un jour émettre une facture, maintenant on m'en réclamait ! Je n'en revenais pas ! Ne sachant pas si je pouvais facturer au nom de l'entreprise que j'avais déjà créée pour iConfident, j'ai couru à la chambre de commerce et d'industrie (CCI) pour me renseigner. Heureusement, j'avais enregistré un domaine d'activité très large, ce qui m'a permis de poursuivre avec la même structure ! Coup de chance, cela m'a épargné bien des démarches administratives et des coûts supplémentaires ! Il était temps, car ma société était au bord de la faillite ! Mon idée de plateforme d'écoute était sans doute bonne, mais je n'avais pas su développer un montage financier solide. J'étais d'ailleurs sur le point de fermer cette entreprise quand ce succès soudain est arrivé. On peut dire que YouTube a sauvé ma boîte *in extremis*.

En règle générale, les créateurs débutent soit comme autoentrepreneur, soit par l'intermédiaire d'une société de portage, soit avec le statut d'intermittent du spectacle. C'est moins risqué que de monter une société, d'autant plus qu'il faut, la plupart du temps, des années avant de réussir à en vivre. Le choix du statut se fait au cas par cas, en fonction de votre situation personnelle et professionnelle préexistante. Pour ma part, j'ai fait d'une pierre deux coups.

J'étais désormais youtubeuse ! Je n'aime pas ce terme, et encore moins celui d'influenceuse ! Je considère que je n'influence personne ! YouTube est, selon moi, une plateforme de diffusion de contenu et non un emploi à proprement parler. Je sais que l'on trouve la fiche métier « youtubeur » partout sur le Web, mais la plupart du temps, les talents qui publient des vidéos sur YouTube sont aussi présents sur d'autres réseaux comme Facebook, Instagram, Wix Video, Vimeo, TikTok, etc. Oui, YouTube rémunère, oui, YouTube fait travailler, mais le métier réside dans toute la palette de compétences que vous mobilisez en amont pour concevoir votre contenu. Cette profession est faite de la passion qui vous anime, des aptitudes que vous déployez et des projets créatifs que vous menez en parallèle. Je trouve le terme de vidéaste plus approprié que celui de youtubeur, même si c'est encore trop restrictif. L'activité des créateurs YouTube ne se résume pas à poster des vidéos : ce sont des entrepreneurs à part entière. Ils élaborent un budget pour chaque tournage, gèrent une comptabilité, dirigent une équipe, se chargent du *community management*, et occupent de nombreuses autres fonctions piliers d'une entreprise classique, que nous allons décrire ci-dessous. La polyvalence est de mise, et cela n'est pas donné à tout le monde.

Ça fait un an que je suis créatrice de contenu vidéo sur YouTube…
Ah cool, et sinon, tu fais quoi VRAIMENT dans la vie ?

YOUTUBEUR : UN ENTREPRENEUR AUX MULTIPLES COMPÉTENCES

Poster des vidéos sur YouTube fait rêver beaucoup de jeunes qui s'imaginent pouvoir atteindre l'Eldorado, c'est-à-dire faire de l'argent facile sans trop d'efforts, avec à la clé l'accès à la célébrité. Néanmoins, contrairement à ce que l'on pourrait penser, il ne suffit pas d'enregistrer une vidéo depuis son téléphone portable pour que l'affaire soit réglée. Créer sur YouTube requiert de multiples compétences. Je pense que c'est d'ailleurs l'une des activités qui demandent le plus de polyvalence. En effet, pour gérer convenablement une chaîne YouTube et se professionnaliser, le passage obligatoire est la création d'une entreprise. Au départ, le statut d'autoentrepreneur peut suffire, mais si la chaîne prend de l'ampleur et que le chiffre d'affaires grossit, il n'y a pas d'autre choix que de monter une société avec toutes les responsabilités et les devoirs inhérents au chef d'entreprise que cela incombe.

Pour qu'une chaîne fonctionne et tourne convenablement, le youtubeur doit pouvoir endosser plusieurs rôles qui varient en fonction de la spécificité de la chaîne (*gaming*[9], sciences, humour, vlogs quotidiens, beauté, tourisme, DIY, etc.).

---

9. Gaming : *jeux vidéo.*

1 ➲ CHEF D'ENTREPRISE

Une grosse partie du travail consiste à gérer du personnel (équipe de tournage, assistants, stagiaires, etc.), une comptabilité, de l'administratif, des finances.

2 ➲ COMMUNITY MANAGER

Beaucoup de temps est consacré à la communication digitale. Celle-ci consiste à alimenter les réseaux sociaux en produisant du contenu, à faire la modération des commentaires (quand il y en a plus de cinq cents par jour ça devient très chronophage), à promouvoir la chaîne, à rendre visibles les vidéos, à organiser des opérations comme des jeux concours (le *social media*), à travailler le référencement via le SEO[10], à assurer une veille concurrentielle ou à analyser les indicateurs de performance pour progresser.

3 ➲ DIRECTEUR DU DÉVELOPPEMENT

Les réseaux sociaux évoluant à la vitesse grand V, un créateur peut très vite tomber dans l'oubli. Pour éviter ce piège, il lui incombe de se renouveler en permanence et de prévoir de nouveaux projets pour ne pas rester en arrière. Cela peut être un nouveau format vidéo, la création d'une chaîne secondaire, un engagement dans l'humanitaire, une

10. *SEO :* search engine optimisation. *Ensemble des techniques qui visent à améliorer le positionnement d'une page Web, d'un site Internet ou d'une application mobile dans les résultats d'un moteur de recherche.*

campagne de sensibilisation, etc. C'est une des tâches que j'adore ! J'aime réfléchir à de nouveaux projets, les mettre en œuvre et les voir aboutir. *C'est comme donner naissance à un nouveau bébé chaque fois !*

LA PROMOTION D'UNE BELLE CAUSE

Mon plus beau projet fut de partir en mission humanitaire en Mongolie avec Vision du Monde – première ONG de parrainage d'enfants dans le monde – pour réaliser un reportage sur les actions d'une telle organisation dans un pays en voie de développement. Je parrainais déjà deux filleuls depuis un an : une petite Africaine du Sénégal et un petit garçon de Mongolie. Comme beaucoup de parrains, j'avais envie d'aller à la rencontre de l'un de mes filleuls pour nouer d'autres liens et m'impliquer davantage dans mon parrainage. Je me questionnais notamment sur les pratiques de ce type d'organismes, et même si aider un enfant en le parrainant me réjouissait, j'avais besoin de comprendre concrètement pour quoi étaient utilisés mes dons chaque mois. La première étape fut de réunir des fonds pour financer le voyage, car celui-ci représentait le coût le plus élevé du projet. J'ai eu la chance d'être soutenue par des sponsors généreux comme la société de boîtes à histoires Lunii ou le site Mon Album Photo. Lunii a non seulement participé au budget du voyage, mais a également fait des dons de boîtes à histoires en langue anglaise à la bibliothèque d'un village démuni. Vision du Monde a pris en charge le logement, les transports sur place et toute la logistique humanitaire, et ma société a complété le coût du voyage à hauteur d'un tiers. Et c'est ainsi que je suis partie à l'aventure aux côtés de mon fils, de son papa, de mon assistante et de Camille Romain, directrice de l'association, en 4 × 4 dans les steppes. J'ai pu créer toute une playlist de vidéos sur notre extraordinaire et fabuleuse expérience, pour permettre à tous de comprendre le fonctionnement d'une ONG. J'avais vraiment à cœur d'être transparente sur ce sujet. Ce projet m'a demandé énormément de temps et d'énergie, tant en amont pour la préparation que sur place avec le tournage, et pendant la postproduction avec le montage et la promotion des vidéos. Mais ce temps était mobilisé pour une belle cause et pour un engagement personnel qui m'était cher.

UNE AVENTURE HORS DE MA ZONE DE CONFORT

Je peux également parler du raid Cap Femina Aventure à vocation solidaire, auquel j'ai participé dans le désert à la rencontre du peuple marocain. J'ai pris part à une course d'orientation en 4 × 4 afin de prouver que nous pouvons tous sortir de notre zone de confort et repousser nos limites. Je m'adressais aux femmes, notamment aux mamans et à toutes celles qui aimeraient relever un tel challenge mais qui sont paralysées par le manque de confiance en elles. En matière de dispositif, il s'agissait d'un échange aventure/visibilité : Maïenga, l'agence organisatrice, m'a offert les frais liés au raid contre la couverture de l'ensemble de l'événement pendant 10 jours. Encore une fois, j'en ai profité pour collaborer avec de beaux partenaires comme Nania, qui a offert 50 sièges autos aux Restos Bébés du Cœur, ou Lilikim qui a aussi fait don de matelas à langer pour les parents et futurs parents en difficulté. Pendant le raid, une journée a été consacrée à une action solidaire. Cette année-là, elle consistait à désencrasser les conduits d'eau pour l'irrigation des cultures du village d'Hassilabied et à aménager la bibliothèque de l'école. Encore une magnifique expérience filmée et partagée avec ma communauté ! La préparation de ce raid a duré environ un an. Ce genre de projets est un gros investissement tant personnel que professionnel, mais est extrêmement enrichissant à la fois pour soi-même et pour ceux qui vous regardent.

4 ➲ PRODUCTEUR

C'est aussi le créateur qui coordonne le financement et contrôle les dépenses pour ses vidéos. C'est la plupart du temps un autofinancement à 100 %.

5 ➲ RÉALISATEUR

Comme les vidéos diffusées sur votre chaîne vous représentent et sont à votre image, vous restez le directeur de la fabrication de l'œuvre, du début jusqu'à la fin de la conception. Même si je délègue le cadrage à mon assistante, je reste l'unique décisionnaire du contenu et des choix artistiques qui détermineront le rendu final.

6 ➡ AUTEUR

Pour tous les contenus qui relèvent de la fiction, écrire un synopsis ou un scénario est une étape indispensable. Même pour les vlogs, je couche à l'écrit une ligne directrice avec les différents plans, les mots clés et les interventions des participants. Sur Angie Maman 2.0, je consacre une demi-journée voire une journée complète par semaine à l'écriture, car chaque épisode de la websérie fait l'objet d'un script. Évidemment, sur le format podcast que je propose, je laisse une grande place à l'improvisation et c'est ce qui fait l'authenticité du rendu, mais on ne peut tourner un court métrage sans trame de récit et sans dialogues préalablement écrits.

7 ➡ CADREUR

Nombreux sont les créateurs qui se filment seuls. J'ai recruté une cadreuse professionnelle, mais il m'arrive régulièrement de reprendre la main lorsqu'elle est en congés ou quand un contretemps nous empêche de nous réunir.

8 ➡ MONTEUR

Avec un format fiction comme le mien, la postproduction représente la moitié du temps de travail. En plus d'agencer les rushs les uns avec les autres, il faut étalonner l'image et régler le son, trouver les musiques et les bruitages de chaque scène, créer les effets originaux qui vont donner l'énergie et le dynamisme qui émaneront de la vidéo.

9 ➡ ACTEUR/ANIMATEUR

Généralement, le créateur de la chaîne et la personne qui va se trouver devant la caméra ne font qu'un. Évidemment, ce n'est pas le cas pour ceux qui font du dessin ou qui utilisent des images, mais il est fréquent qu'ils fassent les voix off. Dans mon cas, mon assistante, mon fils et moi-même sommes les acteurs. *C'est made in France by Angie. ☺ Confection artisanale !*

Cette liste de rôles n'est sûrement pas exhaustive, mais elle donne une idée de l'ampleur du travail qui incombe au youtubeur. Pour que vous ayez une vision à 360 degrés, je vous décris ci-dessous ma journée type sur 24 heures ! Ce serait vous mentir que de vous dire que chaque jour se ressemble, mais c'est pour vous donner une idée des jours de rush, les jours les plus chargés.

24 HEURES AVEC MOI

7 h – 8 h 30 : lever et préparation de mon fils Hugo.

8 h 30 – 9 h 30 : préparation du tournage, mise en place des lumières, impression des textes, révision des dialogues, choix et enfilage des costumes, maquillage.

9 h 30 – 12 h : tournage + réalisation + modération depuis mon portable sur les différents réseaux sociaux + réponse

24 h dans ma vie...

Attrape-moi si tu peux !

aux mails + mise en place des campagnes publicitaires avec mon agent. *Oui, oui, tout en simultané !*

12 h – 12 h 30 : pause-déjeuner.

12 h 30 – 16 h : tournage + création de photos ou vidéos pour les réseaux annexes + postage du contenu parallèle.

16 h – 21 h : récupération d'Hugo à l'école, devoirs, douche, dîner, coucher.

21 h – minuit (parfois plus…) : modération + administratif + gestion du personnel + gestion de l'entreprise + comptabilité + développement de nouveaux projets + écriture.

Minuit – 7 h : DODO ! *Primordial !*

Je crois que vous pouvez constater la souplesse d'esprit dont il faut faire preuve pour pouvoir jongler entre toutes les tâches à effectuer simultanément dans une même journée ! Moi, j'aime cet exercice, car il me stimule intellectuellement. Mais tout le monde n'est pas fait pour supporter un tel rythme. Mine de rien, c'est une course permanente avec peu de répit. Personnellement, j'y vois un côté palpitant, mais d'autres tempéraments se sentiraient en insécurité.

C'est ce qui m'amène à vous parler des écueils de YouTube.

LES ÉCUEILS DE YOUTUBE

1 ➲ UNE ILLUSION DE FACILITÉ

Comme je viens de l'évoquer, on ne devient pas riche et célèbre en un claquement de doigts grâce à YouTube. De plus, si on calcule le ratio temps passé/rémunération, on se rend vite compte qu'il faut fournir un travail de titan pour avoir la chance un jour de se verser un salaire via la plateforme. Déjà, la mise en place est longue puisqu'il faut plusieurs mois, voire plusieurs années, avant que le nombre de vues soit assez grand pour générer un revenu. Il y a par conséquent un gros investissement au départ qui, en plus, n'aboutit pas toujours. On ne peut jamais savoir. Par ailleurs, depuis la création de YouTube, le nombre de talents a explosé. Même si je considère qu'il y a de la place pour tout le monde sur la plateforme, le réseau est aujourd'hui saturé, si bien qu'il devient difficile de se démarquer et de s'intégrer. Quand j'entends des jeunes qui se demandent pourquoi travailler à l'école alors qu'il est possible, tout simplement, de créer une chaîne YouTube et faire fortune sans se casser la tête, j'ai envie de leur dire que ce sont uniquement des fantasmes. Vous avez maintenant compris que pour créer des vidéos il fallait savoir écrire correctement, raconter des histoires, jouer un rôle, faire des choix de mise en scène, manipuler une caméra, connaître ses spécificités techniques, savoir cadrer, etc. ; puis gérer une comptabilité, établir un budget, manager une équipe, inventer et diriger de nouveaux projets, animer une communauté, communiquer autour du projet… Bref, diriger une société. Et tout ça, ça s'apprend ! Il est évident qu'il est impossible d'étudier tous ces métiers en profondeur, mais si vous vous sentez moins compétent dans certaines tâches il faut savoir et pouvoir déléguer. Mais pour déléguer il faut en avoir les moyens, et pour gagner de l'argent il faut d'abord beaucoup travailler. Concevoir des vidéos à diffuser sur YouTube n'est pas un métier qui s'invente, et penser que l'on accède au Saint-Graal en un coup de baguette magique est un leurre.

2 ➲ UNE FRONTIÈRE TÉNUE ENTRE VIE PERSONNELLE ET VIE PROFESSIONNELLE

Pour plusieurs raisons, on arrive vite à un stade où on ne peut plus séparer sa vie personnelle et sa vie professionnelle. Et pourtant, c'est absolument essentiel de garder le contrôle de son intimité.

Les commentaires positifs sont très stimulants avec YouTube. Ils vous motivent. C'est pourquoi, lorsque l'on voit le nombre de vues augmenter, on a tendance à vouloir satisfaire toujours plus ceux qui nous regardent et donc à répondre à leurs demandes de partage de ce qui relève de l'intime. Je reçois des dizaines de questions chaque jour et, forcément, j'ai envie d'apporter une réponse et d'installer un échange plus personnel avec mes abonnés. Je connais mes limites, je sais ce que je suis prête à confier et ce qui relève, selon moi, de ma vie strictement privée. Mais parfois, on se laisse embarquer dans un cercle à la fois vertueux et vicieux. Les influenceurs savent que plus on en dévoile, plus la notoriété croît. La tentation peut être grande, mais je pense qu'il faut savoir fixer des limites ou plutôt « se » fixer des limites. Je ne peux pas dire que j'ai déjà regretté une publication, mais parfois je me questionne. Certes, avec un format fiction, j'en dis moins sur moi que ceux qui produisent des vlogs quotidiens, mais je m'expose quand même. Je crois avoir trouvé un équilibre, mais je reste vigilante, notamment pour mon fils. Je fais en sorte qu'il ne soit pas le centre de la chaîne et des conversations.

Avec les réseaux sociaux, on livre inévitablement certains aspects de sa vie privée, mais quand un créateur tourne des vidéos chez lui, ses abonnés s'immiscent dans son espace intime, telles des petites souris. Ils découvrent ses meubles, son degré de maniaquerie, peuvent voir où il dort, quels sont ses goûts, ses cachettes, là où il range certains objets, jusqu'à son univers tout entier. En effet, un lieu de vie donne plein d'indices sur la personnalité et la façon de vivre de celui qui y habite. Et cela suscite souvent des jugements : la moindre image peut apporter de l'eau au moulin d'internautes malveillants, prêts à bondir, à réagir et interpréter le moindre détail.

Avec le temps, j'arrive davantage à scinder vie privée et vie professionnelle, mais cet impact sur ma vie sociale n'a pas toujours été facile à accepter. Pendant trois ans, j'ai refusé des propositions de sortie, des séjours, des soirées, parce que j'avais toujours quelque chose d'urgent à finaliser pour ma chaîne. Je me suis éloignée de mes amis, de ma famille, et j'ai eu beaucoup de mal à refaire ma vie après ma séparation.

3 ➲ TRAVAILLER DE CHEZ SOI, UN PIÈGE INSIDIEUX ?

L'une des particularités de ce travail digital est qu'il se déroule, la plupart du temps, à la maison ! À leurs débuts, les youtubeurs n'ont pas les moyens de louer des locaux ou des studios de tournage alors la grande majorité d'entre eux se filme à domicile. Il est vrai que le format de proximité, presque amateur, inhérent à YouTube, est propice à un enregistrement dans son environnement intime. Pour ma websérie par exemple, louer chaque semaine un décor de maison pour enregistrer mes épisodes me reviendrait à plusieurs milliers d'euros par mois, ce qui ne serait pas rentable, sans compter le fait que je serais soumise à des horaires rigides et que je perdrais donc en liberté et flexibilité. Mes tournages se déroulent donc depuis cinq ans chez moi, ce qui a ses avantages et ses inconvénients. La logistique est forcément simplifiée : en télétravail, pas de matériel à transporter, pas de trajets à effectuer, horaires souples et liberté d'action. Mais il y a le revers de la médaille : quand on baigne en permanence dans l'ambiance du travail, il devient très difficile de souffler et de couper court. On a tendance à faire peu de pauses et à travailler en continu. De plus, il est important de savoir que YouTube accapare, phagocyte et génère une dépendance. On se retrouve vite absorbé par son téléphone à guetter les commentaires, à y répondre et à s'évertuer à demeurer dans l'immédiateté. Il y a quelque chose de l'ordre de l'addiction, ce qui a été démontré par plusieurs études. En réalité, l'explication est biochimique ! Il est prouvé que les notifications des réseaux sociaux viennent stimuler ce qu'on appelle le « système de récompense » en activant la libération de dopamine dans le cerveau. Ce neurotransmetteur hormonal joue un rôle dans la motivation, ce qui suscite ensuite l'envie de recommencer. Au début de mon succès, mon compagnon se plaignait de me voir penchée sans cesse sur mon téléphone. Et évidemment, avoir son environnement de travail à la maison, ça n'aide pas à faire un break.

4 ➲ UN TRAVAIL TRÈS CHRONOPHAGE

Je reviens ici sur plusieurs points déjà développés plus haut. Poster des vidéos sur YouTube, je le répète, ne se fait pas en 5 minutes. Cela demande beaucoup de temps et d'investissement. C'est un véritable job à temps plein. Nombreux sont les blogueurs qui, voyant les youtubeurs gagner plus d'argent qu'eux, se lancent dans les vidéos. Mais ils déchantent très rapidement devant le côté chronophage de ce travail et finissent par abandonner. Plusieurs influenceurs autour de moi en ont fait l'expérience, et ont laissé tomber en réalisant très vite la quantité de travail que j'effectuais.

Effectivement, réaliser une vidéo nécessite de passer par différentes étapes que sont l'écriture, l'organisation du tournage, le tournage, la postproduction, l'optimisation et enfin la promotion. Pour illustrer mes propos, le temps nécessaire pour chaque épisode hebdomadaire de ma Crazy Série représente une semaine entière de travail à deux, soit 70 heures en moyenne, et se décompose ainsi.

Écriture des textes et relecture : une demi-journée.

Organisation du tournage – commande des accessoires et des déguisements, logistique des déplacements si nécessaire (voiture, transports, hôtels, etc.), mobilisation d'une équipe (cadreurs, comédiens, monteurs) : une demi-journée.

Tournage : 1 à 2 jours.

Postproduction et montage : maximum 4 à 5 jours.

Optimisation – processus de mise en ligne d'une vidéo sur YouTube avec choix d'un titre accrocheur, d'une description optimale, des mots clés et du référencement, réalisation d'une miniature attractive : 2 heures.

Promotion – publicité pour la vidéo mise en ligne avec réponses aux commentaires, publication de posts sur les autres réseaux sociaux, partages et création d'un contenu parallèle (*teasers* par exemple) : plusieurs jours.

J'adore mon travail, mais j'ai conscience que je n'ai pas choisi la facilité. Il est certain que pour un vlog, notamment un vlog quotidien où le contenu doit être totalement réalisé en une journée, le planning n'est pas le même, mais, personnellement, je m'éclate davantage en créant de la fiction. C'est peut-être cet enthousiasme et la passion que je mets dans ce que je fais qui m'ont valu un tel succès ! Malheureusement, celui-ci ne m'a pas toujours attiré que des personnes bienveillantes.

5 ➲ LE SUCCÈS ATTIRE (OU REND) LES PERSONNES MALINTENTIONNÉES

Je savais que le succès et l'argent pouvaient entraîner des jalousies et des trahisons, mais je ne pensais pas que cela m'arriverait, à mon « petit niveau », et aussi rapidement. Les déboires, ou même les litiges, que j'ai pu avoir avec des collaborateurs internes ou externes à ma structure m'ont beaucoup affectée et valu quelques nuits blanches. C'est en effet très déstabilisant, pour ne pas dire douloureux, de se sentir trahi par une personne à qui l'on a donné son entière confiance, à laquelle on a même parfois tendu la main ou mis le pied à l'étrier pour qu'elle puisse se lancer à son tour. Je ne souhaite pas entrer ici dans le détail de ces conflits, mais juste vous alerter et vous inviter à la prudence.

En effet, certaines personnes n'hésitent pas, malgré une relation de travail ou de collaboration excellente, à retourner une situation et à vous attaquer en justice en espérant en tirer profit. Avec le recul, je pense que la notoriété et l'appât du gain peuvent monter à la tête de certains qui confondent chiffre d'affaires et bénéfices ! Le point positif, c'est que j'ai tiré des leçons de ces tristes épisodes : il faut savoir se remettre en question pour avancer, car, même si on s'estime victime d'une situation, on a toujours une part de responsabilité dans ce qu'il nous arrive.

Dans l'entrepreneuriat, il n'est pas rare que les relations professionnelles revêtent une forme d'amitié, inévitable quand on travaille en équipe. Aussi agréable que cela puisse être, il faut rester prudent, ne jamais se départir d'une posture de chef d'entreprise et toujours agir dans l'intérêt de sa société.

Malheureusement, les litiges se produisent plus fréquemment qu'on ne le voudrait. Plusieurs youtubeurs se sont fait voler leur chaîne ! D'autres ont été victimes de plagiat. Sur YouTube comme ailleurs, nous ne sommes pas épargnés par les tentatives d'abus, il faut donc se prémunir. C'est la même chose pour les mauvais commentaires, qui peuvent être parfois d'une grande violence.

6 ➲ LES CRITIQUES ET LES *HATERS*

Même si je n'ai pas souffert de cet écueil, je ne peux l'occulter.

Les réseaux sociaux sont devenus des plateformes idéales pour la libre expression ou plutôt la déjection de critiques, de menaces et d'insultes. En effet, caché derrière un écran, il est très facile d'envoyer des horreurs avec un minimum d'implication. Ce qui favorise le passage à l'acte de leurs auteurs est leur sentiment d'impunité, car l'anonymat fait qu'ils se sentent intouchables. Ces agressions par voie électronique peuvent réellement faire souffrir les créateurs les plus sensibles. Il est arrivé que certains sombrent dans une dépression, à la suite d'injures proférées sur leur chaîne et de jugements négatifs. Et plus le créateur se dévoile, plus large est la brèche dans laquelle les internautes malveillants pourront s'engouffrer. C'est un peu comme tendre le bâton pour se faire battre. Il y a des critiques constructives comme de pures manifestations de haine. Quand on crée une chaîne, il faut avoir conscience qu'on ne fait jamais l'unanimité et que l'on sera forcément confronté à des commentaires insultants, voire dégradants. Les adolescents, pas toujours préparés à ce genre d'hostilités, peuvent très rapidement en être bouleversés.

Sur le Net, on nomme ceux qui ciblent une personne de leur dénigrement permanent – en raison d'une divergence d'opinion ou tout simplement parce qu'ils la détestent – des *haters* ! Il s'agit d'une appellation générique dérivée du verbe anglais *to hate* (qui signifie « haïr »), dépeignant un sentiment de haine général. Les *haters* peuvent être des groupes d'internautes, ou simplement des youtubeurs qui utilisent leurs vidéos pour dénigrer celles des autres. On peut assimiler leur comportement à du harcèlement.

7 ➲ L'ÉCUEIL D'UNE CHAÎNE FAMILIALE

En 2018, les chaînes familiales ont commencé à devenir la cible des associations de défense des droits des enfants, des politiques et des médias, qui se sont penchés sur la question du travail des enfants sur YouTube. Selon l'Observatoire de la parentalité et de l'éducation numérique (OPEN), les vidéos réalisées sur YouTube avec les enfants relèvent davantage du travail que du loisir. L'association a saisi le Conseil national de la protection de l'enfance. Lorsqu'un parent gagne de l'argent grâce à une activité effectuée par son ou ses enfants, il est nécessaire que ces derniers soient rémunérés, et qu'un cadre administratif et juridique soit mis en place. Les chaînes familiales ont toutes été mises dans le même sac alors que les tenants et les aboutissants n'étaient pas les mêmes selon les conditions dans lesquelles étaient réalisées les vidéos. La question d'un abus possible s'est posée, notamment pour les chaînes d'*unboxing* qui montraient des enfants en train de déballer et de tester des jouets de marque, seuls face à la caméra. Les chaînes étaient-elles rétribuées par les marques de jouets ? Combien de temps durait le tournage, et dans quelles conditions était-il réalisé ? Pour avoir fréquenté, à l'époque où j'en connaissais, des parents de chaînes d'*unboxing*, je peux vous assurer que non seulement ils ne recevaient pas d'argent pour le déballage des jouets, mais qu'ils devaient acheter tous les mois des jeux par dizaines pour réaliser les vidéos. Les vues YouTube en revanche étaient une source de rémunération, qui justifie en effet le versement d'un revenu aux enfants. Il en est de même pour un vlog journalier exposant leur quotidien : il paraît juste que ces petits bénéficient d'une rémunération. Pour ces chaînes, cependant, il est difficile d'assimiler ces tournages à du travail, car les bambins sont pris en vidéo sur le vif, dans leur environnement habituel, sans avoir à accomplir de tâches particulières. C'est la frontière ténue entre ce qui est professionnel et le partage de tranches de vie qui pose problème.

Un détail important m'a interpellée dans le buzz qu'a suscité toute cette polémique dont se délectaient les journalistes et les politiques, c'est que personne n'est allé directement demander aux parents des chaînes incriminées quelles étaient les dispositions mises en place pour protéger leurs enfants ! Il y a eu un acharnement médiatique, car le sujet suscitait de vives réactions de la part du public ; mais dans les faits, l'exploitation des enfants était ici hors sujet et surtout pas l'apanage de toutes les chaînes familiales. Il faut être honnête, derrière toute cette controverse se jouaient aussi des intérêts financiers, car les publicités faites sur YouTube s'affranchissant du circuit habituel des agences de pub (contrairement à la télé ou au cinéma où le recours à une agence est obligatoire), il y avait forcément un manque à gagner pour ces dernières, ce qui a dérangé certains acteurs du milieu.

Quoi qu'il en soit, les chaînes familiales étaient systématiquement suspectées d'exploiter les enfants. C'était ancré dans l'inconscient collectif. Mais ce que ne sait pas le grand public, c'est que nombreux sont les responsables de ces chaînes qui, comme moi, n'ont pas attendu les suspicions médiatiques pour inscrire leurs bambins dans des agences de comédiens, dont le rôle est justement d'effectuer les démarches légales qui encadrent de telles activités. Ces agences, comme il est d'usage au cinéma ou à la télévision, effectuent des demandes à la préfecture, ouvrent un compte de dépôt au nom de l'enfant puis facturent la société des parents. Elles se chargeaient déjà des campagnes digitales de grandes marques pour une diffusion sur le Web (vidéos virales, photos de campagnes sur les réseaux sociaux, etc.), et cela n'a jamais perturbé qui que ce soit. Alors pourquoi les campagnes réalisées sur YouTube ne pourraient-elles pas s'intégrer à ce dispositif ? Certes, il s'agit d'un réseau social, mais cela concerne toujours des campagnes digitales. Ainsi, pour toute collaboration avec un annonceur, l'agence de mon fils établit un contrat officiel, et ma société lui verse une rémunération via l'agence.

Si je me fais l'avocat du diable, je sais bien que ce qui pose véritablement problème est l'encadrement du temps de tournage des enfants, parce que tout se déroule dans le cadre privé sans vérifications ni contrôles. Je serais tout à fait ouverte à ce qu'une instance régulatrice soit créée et nous accompagne. La loi autorise 3 heures par jour, dans la limite de 8 heures maximum par semaine, en période scolaire, et 4 heures par jour pendant les vacances. En ce qui concerne Hugo, il ne tourne qu'une fois par mois, certains mercredis ou samedis, dans la limite de 2 heures.

Même si j'ai essuyé des critiques et des jugements hâtifs, je n'ai jamais été vraiment attaquée sur cette question de l'exploitation des enfants, car mon fils Hugo n'est pas au cœur de ma chaîne YouTube. Il n'en est pas le personnage principal, et elle ne lui appartient pas. Angie Maman 2.0 s'affiche clairement comme une chaîne de maman, créée par une maman, et gérée par une maman. Hugo n'intervient comme comédien que dans certains épisodes de la websérie. Il n'a jamais tenu de caméra, n'a jamais fait de montages, n'a jamais eu accès à la plateforme de gestion des vidéos ni aux commentaires. Pour son apparition dans mes vlogs, lui sont versés chaque mois des droits pour l'exploitation de son image dans les vidéos.

Je me suis sentie quand même mise à l'écart par la communauté YouTube. J'ai eu l'impression de ne pas pouvoir m'intégrer comme je l'aurais souhaité auprès des autres créateurs humoristiques, parce qu'il y avait toujours ce regard méfiant sur les pratiques « familiales » de ma chaîne. Mais ce n'est peut-être qu'un sentiment, le reflet de mes peurs.

Ensuite, la polémique s'est amplifiée avec la révélation d'abus et de maltraitances de la part de parents de chaînes familiales américaines ; puis un peu plus tard, toujours aux États-Unis, avec la présence de commentaires pédophiles sous des vidéos mettant en scène des mineurs. YouTube a pris des mesures préventives drastiques en supprimant la possibilité de publier des commentaires sous ces vidéos, et en renforçant la sécurité directement depuis Creator Studio.

Heureusement, je suis passée entre les mailles du filet, car je n'ai pas été assimilée à une chaîne « enfants » à proprement parler. Pour le coup, le terme « familiale » me correspond mieux. Quoique... les protagonistes d'Angie Maman ne sont pas les membres de la famille, mais c'est le contenu en lui-même qui est à destination des familles. Il y a une nuance. J'ai pourtant été touchée par ces évolutions, car même si les commentaires n'ont pas été interdits sur ma chaîne entière, ils l'ont été sur toutes mes vidéos à destination des enfants. Or, comme nous l'avons vu plus haut, les commentaires contribuent au référencement et donc à la visibilité et à la circulation de la vidéo sur la plateforme. Par conséquent, si elle est moins visible... elle est moins vue, et il en résulte une baisse de rémunération.

Toujours dans une volonté de protection, d'autres fonctionnalités ont aussi été supprimées sur les vidéos, comme la possibilité de mettre des fiches[11] et des écrans de fin[12]. Pour moi, cela a contribué à une première dégringolade de mes

---

11. Fiche : redirection vers un contenu au sein même de la vidéo grâce à un bouton « i » qui s'affiche en haut à droite de l'écran.

12. Écran de fin : possibilité de diriger les internautes vers un autre de ses contenus ou vers sa chaîne en fin de vidéo.

revenus AdSense ! Beaucoup de ces vidéos représentaient en effet une partie significative de mes sources de revenus.

Ce qu'il s'est passé en janvier 2020 a clairement marqué la fin d'une période faste !

En 2019, Google a écopé d'une sanction de 150 millions d'euros pour ne pas avoir protégé les informations des mineurs sur Internet. En effet, en 1998, les États-Unis avaient voté la loi fédérale COPPA (*Children's Online Privacy Protection Act*) visant à préserver la vie privée des enfants sur le Net. Or, Google, en diffusant des publicités sur les vidéos destinées aux enfants et en collectant des données personnelles sur les jeunes internautes, a enfreint cette loi. En réponse à cette peine élevée, et pour se mettre en conformité avec la loi COPPA, YouTube a introduit, en janvier 2020, une démonétisation partielle des vidéos ciblant les moins de 13 ans. Pour les créateurs concernés, cela a entraîné une chute abyssale de leurs revenus publicitaires. C'était mon cas ! YouTube Kids devrait bientôt prendre le relais en déployant une nouvelle équipe de commerciaux chargés de mettre en place une stratégie publicitaire contextuelle pour remplacer les publicités ciblées. Mais je n'ai pas encore eu d'échos à ce sujet.

Heureusement, grâce à l'évolution de mon contenu depuis quelques années et à la diversification de mes vidéos, axées notamment sur l'adolescence ou le couple, mon répertoire vidéo n'a pas été touché dans sa totalité. C'est ce qui me sauve et me permet de tenir le cap ! Arrivé à ce point du livre, je pense que vous mesurez désormais la pugnacité dont je peux faire preuve quand j'ai quelque chose en tête. Vous imaginez bien que je ne me laisse pas facilement abattre et que je suis armée pour rebondir.

8 ➲ UN MONDE DU PARAÎTRE AU DÉTRIMENT DE L'ÊTRE

Les réseaux sociaux ont façonné un monde où les rapports humains sont biaisés par une culture de l'apparence souvent trompeuse : embellie, tronquée, modifiée, et loin d'être le reflet de la réalité. C'est pourtant par le prisme de ces informations visuelles que les gens se découvrent, se jaugent et se jugent aussi. Il est facile de se laisser happer et duper par ce système de fonctionnement et d'oublier qui l'on est vraiment et où est l'essentiel. Dans ce monde du spectacle et du paraître, on peut rapidement se construire des repères erronés. Or la vie n'est pas plus rose chez les autres et les jardins des voisins ne sont pas plus verts : c'est juste que les photos qu'ils choisissent de publier ont été prises au moment opportun, sous le bon angle – ou ont fait l'objet d'une pose, d'une mise en scène –, et qu'elles ont été retouchées à l'aide d'un bon logiciel de traitement d'images. Et ça change tout ! Du point de vue de l'influenceur, c'est pareil : ce n'est pas parce qu'on s'émerveille devant vos photos que vous êtes devenu le roi du monde. Restons humbles, tout le monde va aux toilettes ! Gardons les pieds sur terre même si nous avons la tête dans les étoiles. N'oublions pas que derrière chaque photo se cache une personne dont la vraie vie est moins étincelante, une personne avec une sensibilité, des peurs, des difficultés, des faiblesses, des travers et des qualités que nous ignorons. Ne balayons pas l'être au profit du « pas être » !

Loin de moi la volonté de faire un portrait sombre de YouTube ou de démotiver quiconque de créer sa chaîne. Au contraire, pour se lancer dans les meilleures conditions, mieux vaut avoir toutes les cartes en main. Et je pense que vous avez compris que, pour moi, YouTube demeure malgré tout un rêve au quotidien.

LES AVANTAGES DE YOUTUBE

1 ➲ LA LIBERTÉ DE CRÉATION

La principale mission de YouTube est que « chacun puisse faire entendre sa voix et découvrir le monde[13] ». À la télévision et au cinéma, la création est régie par des codes et soumise à des cahiers des charges bien précis. De plus, la censure s'applique dès le moindre écart. Sur YouTube, au contraire, les créateurs bénéficient d'une grande liberté d'expression. Ils peuvent partager leurs opinions, donner leur point de vue, pousser des coups de gueule, ou exprimer leurs états d'âme. Grâce à cette ouverture d'esprit, de nouveaux concepts innovants peuvent voir le jour. Nous ne sommes limités ni dans la forme, ni dans la durée, ni dans le style, ce qui signifie que toute idée peut être exploitée. C'est pourquoi je m'éclate sur YouTube. Je m'amuse à tester de nouveaux cadrages, poser de nouveaux regards artistiques, et à sortir

---

13. Source : www.youtube.com/intl/fr/about.

des sentiers battus de l'audiovisuel, sans que personne ne vienne m'en faire le reproche. Cette liberté fait que YouTube est une mine d'or pour la découverte de nouveaux talents. À noter tout de même : la plateforme censure les vidéos faisant l'apologie de la violence ou de la discrimination, ou diffusant des propos haineux ou de la pornographie.

2 ➲ L'ÉGALITÉ D'OPPORTUNITÉS

Sur YouTube, il n'y a pas d'élitisme, pas de hiérarchie, pas de décideurs, pas d'intermédiaires, tout le monde peut tenter sa chance et montrer son talent aux yeux de tous. C'est le public qui décide, c'est le public qui choisit. Ce canal de diffusion, du fait de son accessibilité, est une véritable opportunité pour créer son propre métier, pour démarrer sa propre activité. Selon moi, tout le monde a sa place sur la plateforme. Je considère qu'il n'y a pas de réelle concurrence car, justement, chacun apporte son originalité, sa personnalité. Le public ne suivra pas une chaîne seulement pour son contenu ou sa thématique, mais surtout pour la personne qui est derrière !

3 ➲ L'OUVERTURE SUR LE MONDE

Chaque jour, ma sonnette retentit, et un nouveau colis rempli de cadeaux m'est remis ! Les marques nous gâtent, et c'est très appréciable. On découvre et on teste des produits en avant-première. J'ai ainsi essayé la nouvelle Peugeot 5008 lors de mon voyage en Espagne en 2017 avec les copains ! Un gros camion avait livré le véhicule devant chez moi, et j'ai pu partir une semaine avec une voiture toutes options ! Un luxe que je n'aurais pas pu m'offrir autrement ! *J'avoue que le siège massant était fort confortable !* Ce dont j'ai le plus profité, ce sont les voyages et les séjours qui m'ont été offerts. J'ai eu la chance de pouvoir sillonner la France, de loger dans des établissements aussi sympathiques qu'insolites, et d'aller à la rencontre de différentes cultures à l'étranger. Je peux dire que, pour mon fils et moi, l'expérience YouTube est une vraie ouverture sur le monde. D'ailleurs, puisque je parle de mon fiston, j'ajouterai que YouTube m'a permis de dégager du temps pour l'accompagner au mieux dans son développement et dans son éducation.

4 ➲ LA LIBERTÉ D'ORGANISATION

Comme pour tous les métiers indépendants, l'emploi du temps est totalement flexible pour gérer la création sur YouTube, tant que l'on respecte les rendez-vous fixés avec sa communauté et les promesses qu'on lui fait. Évidemment, il y a des contraintes d'horaires pour les tournages et les événements auxquels j'assiste, mais en règle générale, je m'organise comme je le souhaite. Cela me permet d'être auprès de mon fils le mercredi, mais aussi tous les soirs de 16 heures à 21 heures pour les devoirs, la douche, le repas et le coucher. S'il tombe malade, je suis totalement disponible pour aller le récupérer à l'école au pied levé ou le garder toute la journée si nécessaire. En contrepartie, je rattrape mes heures de travail le soir et le week-end, mais c'est un choix de vie que j'assume et qui me convient totalement. Mon fils est, et restera toujours, ma priorité. Je ne compte pas mon temps mais je le choisis, et cette souplesse m'apporte un certain confort de vie. Et puis, j'ai pu créer des liens indéfectibles avec mon fils Hugo. Nous avons partagé des expériences rares et intenses, ensemble, grâce à YouTube. Je crois sincèrement que cela a renforcé notre relation mère-fils.

5 ➲ L'AMOUR QUE L'ON REÇOIT

Mine de rien, tous ces commentaires que l'on reçoit chaque jour nous apportent énormément d'amour. Bien sûr, on ne peut comparer un amour réel avec un amour virtuel, mais tous ces mots doux et de soutien que m'envoient quotidiennement les internautes me font du bien. Je n'ai plus l'impression d'être seule, car je sais que je suis écoutée et comprise. Quand il m'est arrivé d'avoir des soucis de santé, quelques-uns de mes abonnés ont été touchés et ont pris de mes nouvelles régulièrement. Quand le moral n'est pas au meilleur de sa forme, il me suffit de faire un post pour recevoir des messages de soutien et un peu d'empathie. C'est fou comme ces petites intentions réchauffent le cœur ! Alors – je suis catégorique – j'entretiens une forme d'amour avec mes abonnés !

6 ➲ UN TREMPLIN POUR LA SUITE

YouTube a permis à pas mal d'artistes de sortir de l'ombre et de mettre un coup de projecteur sur leur talent. Pour cela, la plateforme est un excellent tremplin ! Quand on se présente avec une telle carte de visite et des chiffres à l'appui, les portes s'ouvrent bien plus facilement.

C'est grâce à mon succès sur le Web que j'ai pu accéder à l'édition et écrire ce livre. J'ai acquis une expertise sur les réseaux, ce qui me permet d'avoir de la crédibilité auprès des éditeurs. Et il ne faut pas négliger le fait que j'apporte un public dans ma valise, ce qui est rassurant pour un investisseur. Je prends aujourd'hui plaisir à me diversifier en partageant tout cela avec vous et en donnant un nouveau souffle à mon parcours professionnel. Écrire un livre est la consécration de 6 années de travail et de passion. En rédigeant ces lignes, je réponds à mon désir de transmission et de partage. Je remercie Albin Michel de m'avoir fait confiance.

Il est ennuyeux de proposer toujours la même chose, surtout pour une entrepreneuse comme moi, aux mille idées à la minute ! Créer c'est ma vie ! Si je n'apporte rien de nouveau à ma création, je meurs.

Comme j'ai donc une pensée créative hyperactive, je développe, parallèlement à l'écriture de ce livre, une série animée pour enfants, à destination de la télévision. Je trouve intéressant d'exploiter le transmédia, c'est-à-dire la possibilité de passer d'un média à un autre et de produire un contenu transversal. À partir de mon expérience sur YouTube, je bascule sur la conception d'un programme TV dont on peut imaginer qu'il verra naître, par la suite, des webépisodes dédiés à ma chaîne !

Théo les Bons Tuyaux raconte, sur des épisodes de 5 minutes, les aventures de Théo, un petit garçon de 7 ans qui, comme tous les enfants de son âge, se retrouve confronté à des

ANGIE PROD & LA CHOUETTE CIE
PRÉSENTENT
THEO
LES BONS TUYAUX

frustrations et des imprévus avec lesquels il a du mal à composer. Cela est d'autant plus difficile pour lui qu'il présente des troubles du spectre autistique (TSA), une hypersensibilité sociale, émotionnelle et sensorielle. Il va alors nous emmener en voyage dans son imaginaire pour trouver des solutions alternatives et originales aux tracas du quotidien, ce qui mettra en lumière la richesse de la différence, autant pour lui-même que pour les autres.

J'avais à cœur de pouvoir sensibiliser un jour à la différence. J'ai trouvé intéressant de prendre l'axe de l'autisme pour traiter ce sujet, car cela permet d'être dans le sensoriel et l'émotionnel, pour un rendu à la fois poétique et onirique. On connaît presque tous, dans notre entourage, un enfant présentant un trouble autistique, et on ne le comprend pas toujours. Cette série viendrait répondre à de nombreuses questions que se posent nos enfants mais aussi leurs parents. J'espère réussir à favoriser l'inclusion et l'ouverture d'esprit, à travers une histoire pleine de rebondissements, qui s'adresse à tous. Je précise que l'autisme n'est pas mentionné dans ce dessin animé pour ne pas en faire le sujet central de la série, qui présente avant tout des trucs et astuces pour tous les enfants. La différence est surtout mise en avant par la personnalité du personnage principal.

Si je peux aujourd'hui construire de tels projets, c'est parce que je me suis fait un nom sur YouTube. Pour *Théo les Bons Tuyaux*, je suis accompagnée par la société de production La Chouette Compagnie, habituée à travailler avec les youtubeurs. Le sujet l'a touchée, et elle me guide avec professionnalisme dans une démarche transversale *cross media*.

Je pense que ma réussite professionnelle ne se mesure pas à mon niveau de notoriété ni au train de vie que je mène, mais plutôt aux possibilités d'évolution et de création qui s'offrent désormais à moi, grâce à mon expérience. J'ai l'impression d'avoir accompli des choses, parce que j'ai fait du bien aux autres, j'ai redonné le sourire à ceux qui me regardent, et j'ai distillé un peu de chaleur humaine sur le Net. Pour moi, la réussite s'évalue donc par tout ce que j'ai pu apporter à ceux qui me suivent.

LES CLÉS DE LA RÉUSSITE

Pour terminer, je vous exposerai quelques conseils sans prétention pour réussir sur YouTube. Il n'existe pas réellement de recette miracle pour percer sur la plateforme, mais certaines bonnes pratiques qui ont fait leurs preuves peuvent contribuer à la croissance d'une chaîne.

1 ➲ L'AUTHENTICITÉ

L'authenticité est certainement un élément fondamental sur YouTube. Même si j'ai longtemps estimé que la qualité de ma plume comptait pour une grande part dans mon succès, ce dernier proviendrait davantage, selon mes proches et mes interlocuteurs professionnels, de ma sincérité. Je ne vous cache pas avoir éprouvé une légère déception au regard de mes compétences rédactionnelles, mais je suis tout de même ravie que l'on m'apprécie pour ce que je suis. Des personnes qui savent écrire, il en existe beaucoup, des personnes qui savent jouer la comédie aussi, mais ce qui fait la différence, c'est pourquoi on le fait ! Je peux vous assurer que tous ceux qui se sont lancés sur YouTube pour des raisons pécuniaires et mercantiles, ou pour accéder à la notoriété, n'ont pas fait long feu sur le réseau. Ce que vous dégagez est directement ressenti, sans filtre, par les internautes. C'est un peu la magie de YouTube et du Web, contrairement à la télévision. Si les internautes s'immiscent chez vous, vous vous immiscez aussi chez eux. Ils ont l'impression de vous avoir près d'eux et de vous connaître. Vous faites en quelque sorte partie des meubles, et de leur vie. Plus les créateurs transpirent de vérité, plus ils sont aimés et suivis, car les internautes leur accordent leur confiance. Pour moi, le « pourquoi » était évident : je voulais réussir à retrouver le sourire après la perte de mon père, et trouver du réconfort dans le partage et l'échange autour d'un sujet que j'affectionne particulièrement. Je pense que le message est passé. Je n'attendais ni la gloire ni la fortune, juste un peu d'aide et de joie. Et je crois que ce que j'ai pu donner, ma communauté me l'a bien rendu !

2 ➲ LA CRÉATIVITÉ, L'ORIGINALITÉ

L'originalité et le caractère innovant de ce que vous proposez permettent de vous démarquer des autres youtubeurs. Plus vous ferez preuve de créativité, plus votre contenu sera partagé, et plus il y aura de buzz autour de votre chaîne.

Quand j'ai commencé sur YouTube, j'étais la première en France à proposer une série humoristique sur la maternité. Il en existait qui avaient une certaine notoriété à la télévision, mais pas encore sur le Web. Sans le savoir, j'avais trouvé une niche : ce type de contenu était nouveau sur Internet. J'avais une autoroute devant moi. Quand, un peu plus tard, d'autres chaînes ont émergé sur le même créneau, elles n'ont pas réussi à se faire une place, car j'avais pris trop d'avance. Et sans doute leur manquait-il ce petit plus d'authenticité dont je viens de parler ! Ne vous dites jamais que tel ou tel univers est inaccessible car déjà vu et revu. Tout dépend de la fantaisie que vous allez apporter, et de l'originalité avec laquelle vous allez traiter le sujet. Je le répète, il y a de la place pour tout le monde sur YouTube !

3 ➲ LA RÉGULARITÉ

Pour que votre public soit présent au moment de la sortie de vos vidéos, il est impératif d'être régulier et de fixer un rendez-vous (qu'il soit quotidien, hebdomadaire ou mensuel). Je radote sans doute un peu *– qu'est-ce que vous voulez, c'est l'âge ! –*, mais la régularité permet d'entrer dans l'algorithme et donc d'améliorer son référencement.

4 ➲ LA VISIBILITÉ ET LE PARTAGE

Cinq types de sujets suscitent de l'engouement sur YouTube et stimulent chez les internautes l'envie de les partager :
- les sujets d'actualité ;

– les sujets tendance ;
– les sujets intemporels (tutos, DIY, conseils santé, etc.) ;
– les sujets qui apportent une connaissance (chaînes scientifiques) ;
– les sujets qui procurent de l'émotion.

Angie Maman 2.0 se range dans les troisième et cinquième catégories. La famille est un sujet indémodable et intemporel qui concerne l'ensemble de la société. De plus, chaque épisode comporte une séquence susceptible d'émouvoir. C'est pour cela que mes vidéos continuent d'être visionnées dans la durée. Sur la majorité des chaînes, la durée de vie d'une vidéo est assez brève. Le buzz se produit les premières 24 heures puis, très rapidement, le nombre de vues diminue. Eh bien sur ma chaîne, la visibilité d'une vidéo peut stagner en haut du graphique des mois, voire des années. Certaines vidéos de mes débuts continuent de tourner aujourd'hui. À certaines périodes de l'année, elles peuvent même retrouver un pic de vues ! La courbe est fluctuante. Parfois, il y a une explication évidente, d'autres fois, non.

L'année dernière, l'un de mes vlogs de Noël, vieux de deux ans, s'est soudainement mis à devenir la vidéo la plus regardée de ma chaîne. Pourtant, nous étions en septembre, loin des fêtes de fin d'année, et cette vidéo avait fait un flop au moment de sa sortie. J'ai été déçue de ne pas pouvoir retracer la source et donc comprendre pourquoi cette vidéo avait émergé, mais ce succès soudain a été une agréable surprise !

5 ➲ LES COLLABORATIONS

Puisque je me suis fait connaître grâce aux partenariats, je dirais que c'est un élément indispensable au développement d'une chaîne. On peut assimiler les collaborations à une carte de visite que l'on distribue. Néanmoins, pour résumer ce qui a été dit, il est important de bien choisir son moment pour les mettre en place (avoir déjà plusieurs vidéos en ligne) et de s'associer à un créateur dont la communauté est susceptible d'aimer votre contenu.

6 ➲ LA PROXIMITÉ AVEC LES ABONNÉS

Même si le format principal de la chaîne relève de la fiction, il est important de garder en tête que ce qui l'emporte sur YouTube c'est avant tout la relation entre le créateur et les internautes. Il conviendra ainsi de développer des formats alternatifs pour s'adresser directement à la communauté. Cela peut être des discours, face à la caméra, pour exprimer une opinion ou donner une information, des *live* pour permettre une interaction avec les internautes sans montage ni filtre, ou des tournages de FAQ afin de répondre à leurs interrogations.

7 ➲ LA COHÉRENCE DU CONTENU

Les abonnés s'habituent à ce qu'on leur offre, et s'installent rapidement dans une routine. Les vidéos d'une chaîne s'adressent ainsi à une cible bien précise ayant des attentes liées aux habitudes qu'on lui a données. La cohérence des contenus est alors primordiale pour ne pas faire fuir les fidèles, et pour entretenir un sentiment d'appartenance à la chaîne. *Je vous rassure, ça n'a rien d'une secte, LOL! Parce que j'admets que la façon dont j'en parle pourrait faire penser à une organisation de ce genre.*

8 ➲ L'ART DE SE RENOUVELER

Si les internautes aiment les habitudes, ce n'est pas pour autant une raison pour se reposer sur ses lauriers ! Pour éviter que la chaîne tombe dans la monotonie, et que les abonnés finissent par s'ennuyer, il est fort recommandé de diversifier les contenus, d'apporter de nouvelles idées, de nouveaux formats, de nouvelles playlists, ou de recruter de nouveaux intervenants, etc. Il s'agit de dynamiser la chaîne, d'y insuffler du renouveau régulièrement, et de donner le sentiment qu'il s'y passe plein d'événements intéressants, à découvrir et redécouvrir. La chaîne doit se positionner comme un véritable programme, avec de constants rebondissements.

#6 AVANT DE SE QUITTER...

J'espère que ce panorama de la vie d'une chaîne YouTube, étayé par mon expérience, a pu vous éclairer sur le paysage socio-économique de ce média. Au-delà des informations techniques et théoriques, je tenais vraiment à ce que mes lecteurs puissent palper et ressentir ce qui se joue au sein de cet univers. Comme dans toute vie d'entrepreneur j'ai connu des hauts et des bas, et comme dans tous les secteurs il y a des atouts et des écueils. Créer du contenu sur YouTube est un vrai métier qui demande du temps et de l'investissement, mais une fois que vous avez cela en tête, tout est possible. Comme partout, il y a des codes, des bonnes pratiques, mais aussi des embûches à éviter, cela s'apprend. À travers mon prisme de créatrice, vous avez pu avoir un premier aperçu du monde de YouTube ; cela n'est évidemment pas exhaustif, puisque ce n'est que mon vécu. Ce recueil se veut un guide d'inspiration et non un manuel de marketing. À vous maintenant, avec toutes les informations que vous avez en main, de créer votre propre projet et de vivre vos propres aventures.

Selon une étude publiée par Dell et l'Institut pour le futur, 85 % des emplois de 2030 n'existent pas encore aujourd'hui ! Il faut juste faire les choses dans le bon ordre :
– d'abord, avoir une passion et l'envie de la transmettre, puis construire une stratégie ;
– choisir, dans un second temps, le support de diffusion.

Mes abonnés me demandent souvent comment j'ai fait pour devenir riche et connue sur YouTube. J'ai envie de leur dire que l'essentiel n'est pas dans la réponse à ces questions, que ce ne sont pas l'argent et la notoriété qui rendent heureux : le plus important est de suivre son chemin et ses passions. En découvrant mon parcours, vous avez pu constater que c'est le lien entre des événements de ma vie et certaines rencontres qui m'ont amenée à créer ma chaîne YouTube, comme s'il y avait un rapport de cause à effet. J'ai du mal à croire au hasard et j'ai envie de penser que le destin existe. Néanmoins je suis convaincue que l'on peut agir sur son destin par ses choix et ses décisions. Quand on est enfant, on conclut un accord tacite avec soi-même pour répondre le mieux possible aux attentes de ses parents et aux diktats de la société, quitte à étouffer sa propre personnalité. Mais ce renoncement à être pleinement nous-mêmes crée des frustrations et des conflits intérieurs qui ont forcément des répercussions dans nos vies. Cette idée est très bien développée dans un livre que j'aime particulièrement, *Les Quatre Accords toltèques*[14], de Don Miguel Ruiz . Ces conventions culturelles et éducatives ne nous aident pas à savoir qui nous sommes. Nous subissons inconsciemment un formatage de la part du système éducatif et de la société. En outre, le monde de l'image dans lequel nous vivons fait la part belle à la culture de l'apparence, cette illusion qui nous empêche de nous révéler. Il est important que vous ne perdiez pas de vue cette petite flamme qui vous anime, ce qui fait que vous êtes unique, et surtout ce que vous pouvez déployer pour être heureux et rendre vos proches également heureux.

---

14. *Don Miguel Ruiz,* Les Quatre Accords toltèques, *Jouvence, 1999, 2018.*

Cette flamme, c'est votre talent, ce petit « plus » qui vous est propre et qui rendra spécial tout ce que vous créerez. C'est là où j'ai voulu en venir ou plutôt là où j'ai souhaité que vous arriviez via la lecture de ce livre. YouTube n'est pas un but en soi, c'est un moyen. Une fois que vous aurez touché du doigt ce qui vous fait vibrer, vous saurez quels sont les supports de diffusion à activer. Ce sera peut-être YouTube… ou pas.

Ainsi, votre fil conducteur doit être ce qui vous anime, le reste n'étant que des leviers à activer au fur et à mesure *– mais bon, quand vous y serez, pensez à moi et lisez ou relisez ce livre que l'on peut tout à fait feuilleter de manière transversale !* Gardez aussi en tête que rien n'est insurmontable. Si je l'ai fait, vous aussi vous en êtes capable !

Je conclurai avec cette citation devenue ma devise :

*« Ils ne savaient pas que c'était impossible,
alors, ils l'ont fait ! »*

Mark Twain.

Et sinon, il est temps d'aller voir mes vidéos, non ? Tapez « Angie Maman 2.0 » sur Google, et vous y êtes !

REMERCIEMENTS

Un livre sans remerciements est un livre inachevé. Une création n'est jamais l'œuvre d'une seule personne. Si un auteur a pu écrire, c'est parce qu'il a puisé dans tout ce que lui ont apporté ceux qui ont gravité autour de lui, ceux qui lui donnent de l'amour, ceux qu'il aime.

Je remercie tout d'abord ma bonne étoile. Si vous avez lu ce livre, vous saurez de qui je parle *– petite intervention mesquine de ma part pour tester votre attention, ah, ah!* Oui, il s'agit de mon père, disparu bien trop tôt. Il est toujours auprès de moi, dans mon sang, dans ma tête, dans mon cœur, et peut-être même qu'il me regarde d'en haut. Je voudrais le remercier pour la force qu'il m'a transmise et pour cet esprit combatif qu'il m'a communiqué, sans lesquels j'aurais sans doute sombré après sa mort. Moi qui pensais périr (surtout psychologiquement) avec lui le jour où il partirait, je me suis au contraire découverte des ressources intérieures insoupçonnées, qui sont très certainement le fruit de son éducation et du modèle qu'il a été pour moi pendant mes 31 premières années. Alors pour tout cela, merci papa.

Je remercie également ma maman *– parce qu'un enfant se fait à deux, hein! –* car, même si notre relation n'a pas toujours été facile, je ne peux nier que j'ai eu la chance d'hériter de sa créativité, de son humour, de sa joie de vivre, de sa jovialité, de ses compétences sociales et de son attrait pour le monde de l'audiovisuel. J'ai la chance de l'avoir toujours à mes côtés et je comprends que, malgré nos conflits passés, j'ai besoin d'elle et de son amour pour mon équilibre.

Merci à Charlaine (alias Cha), mon assistante qui me suit *– ou me harcèle ☺ ! –* depuis mes débuts. Sa présence compte pour moi chaque jour. Elle porte sur mes sujets un regard différent du mien, un regard plus jeune et plus technique. Charlaine est une personne qui a énormément de ressources et de compétences. Son aide m'est précieuse. Un travail d'équipe est toujours plus riche et solide qu'un travail sans confrontation de points de vue. Nous formons une belle *team* ! L'ambiance est très Bisounours au bureau, je ne vous le cache pas, même si on ne peut plus se faire de câlins depuis l'épidémie de Covid !

Merci à Marguerite, Léa, Clémentine et Josh, qui m'accompagnent dans le développement de ma chaîne au sein du *network* Studio71. Mine de rien, nous sommes en contact quotidiennement depuis 3 ans et cela crée forcément des liens forts. On échange, on se confie et on forme un binôme. Quand j'ai rejoint ce MCN en novembre 2017, j'étais la première youtubeuse maman au sein du réseau. Ils ont créé avec moi une section maternité, qu'ils ont ensuite développée. Nous avons grandi ensemble et continuons d'avancer ensemble.

En parlant d'équipe, je souhaite adresser un ÉNORME merci à mes abonnés pour leur fidélité. Sans eux, je n'en serais pas là. Ils m'ont accordé leur confiance, que je m'évertue d'honorer chaque jour. La complicité que nous avons tissée est un vrai bonheur et surtout un moteur pour mes projets à venir. Ils m'ont donné une légitimité et me motivent à continuer. Je suis très fière d'avoir une si belle reconnaissance du public. Un seul merci ne suffirait d'ailleurs pas puisqu'ils sont plus de 1 million… Alors merci, merci, merci, merci, merci…

Je ne peux terminer ce livre sans parler d'Aurélie, directrice éditoriale chez Albin Michel, qui m'a travaillée au corps pour que l'on finisse par monter ce projet ensemble. Cela faisait 3 ans qu'elle m'appelait, m'écrivait et tentait de me convaincre que ce serait vraiment chouette d'éditer un livre en résonance avec mon activité sur YouTube. Je lui répondais que je ne savais pas quand ni comment libérer du temps pour cela mais, en vérité, je crois que j'avais surtout peur de ne pas être à la hauteur. Et puis, quand j'ai franchi la barre du million d'abonnés, j'ai eu un déclic. Aurélie, comme à son habitude, m'a passé un petit coup de fil l'air de rien et, en discutant, j'ai senti que c'était le moment. Alors qu'au début de la conversation je lui apportais une réponse encore et toujours négative, au moment de raccrocher, pour la première fois, je lui ai dit oui. Et comme je ne lance jamais de paroles en l'air, nous y voilà : il est là le résultat ! Ensuite j'ai rencontré Véronique, qui m'a portée comme je le souhaitais, en me guidant tout en me laissant une liberté totale sur le contenu. Évidemment, en tant que retardataire invétérée, j'ai bien réussi à faire reporter la sortie du livre, mais Véronique a su s'adapter avec souplesse et me mener au bout de ce projet. Je remercie donc Aurélie et Véronique d'avoir cru en moi. *Ah, la, la ! Sacré syndrome de l'imposteur !*

Je ne regrette pas d'avoir confié les illustrations de ce livre à Céline Charlès, illustratrice et maman au coup de crayon et à la sensibilité que j'apprécie particulièrement. Albin Michel m'avait initialement proposé d'autres créatrices, mais malgré leur notoriété et leur talent, j'ai attendu la réponse de Céline avec espoir car je savais qu'elle serait parfaite pour ce projet. Le dessin qu'elle a imaginé et réalisé en hommage à mon papa me touche énormément. Merci Céline.

Je consacre aussi un paragraphe à mon fils chéri, Hugo, qui est et restera à jamais ma source d'inspiration dans tout ce que j'entreprendrai. Sa naissance m'a permis de révéler le talent que je gardais enfoui et m'a donné la force d'exprimer qui j'étais vraiment. Il a clairement bouleversé mon existence. Si j'ai écrit ce livre, c'est aussi pour lui, pour lui laisser une trace, afin qu'il connaisse une partie de son histoire, celle qui se raconte mais qui ne se lit pas de la même manière. Je voudrais qu'il comprenne l'importance qu'il a dans ma vie et dans mes choix, et qu'il se nourrisse de mon expérience pour découvrir son propre don, la pépite qui sommeille au fond de lui.

Puisque je parle d'Hugo, il va de soi que je remercie son père, Thomas, qui était à mes côtés dans les balbutiements de cette aventure. Son aide m'a donné l'impulsion et la liberté de créer. Il a été d'un grand soutien et l'est toujours aujourd'hui. Il suit de près mes créations et je sais qu'il sera toujours là pour moi, pour nous.

La vie n'est pas un conte de fées mais j'ai trouvé mon prince charmant. Je lui dis merci de supporter mon rythme effréné, mes digressions permanentes, mes 100 000 idées à la seconde et mes pulsions créatives. J'ai mis du temps à reconstruire ma vie après m'être séparée du papa d'Hugo, car j'avais la tête dans le guidon et il m'était difficile de faire une place à quelqu'un dans ce tumulte. Désormais cette nouvelle relation me permet de souffler, de prendre du temps pour moi et m'apporte l'équilibre dont j'ai besoin. Alex, je t'aime, mon amour !

Qui sait, peut-être qu'une nouvelle maternité se présentera à moi dans quelque temps, donnant lieu à de nouvelles inspirations, à de nouveaux contenus et à un nouveau livre ? Mais, ça, c'est une autre histoire…

MERCI à vous, lecteur, de votre attention ! #aurevoir

TABLE DES MATIÈRES

Ouvrage publié sous la direction d'Aurélie Starckmann

Responsable éditoriale : Véronique Galland
Conception graphique : François Lamidon
Mise en pages : Bénédicte Chantalou (Yuruga)
Relecture et correction : Émeline Ferret, Clémentine Bougrat
Illustrations : Céline Charlès
Autres visuels : documents personnels de l'auteure

Éditions Albin Michel
22, rue Huyghens, 75014 Paris
www.albin-michel.fr
ISBN : 978-2-226-45829-2
N° d'édition : 24296/1 – N° d'impression : 97214
Dépôt légal : avril 2021
Imprimé en France par Pollina.